本书为中国工程院院地合作项目
"浙江省智能芯片关键技术突破途径及发展战略研究（编号为2023-DFZD-40）"
阶段性成果

合壹智库丛书

面向未来产业的工程科技

2024

（人工智能）

主编◎李飞　副主编◎王露　郊雨

浙江大学出版社

·杭州·

图书在版编目（CIP）数据

面向未来产业的工程科技. 2024：人工智能 / 李飞主编；王露，郄雨副主编. —杭州：浙江大学出版社，2024.6. —ISBN 978-7-308-25089-4

Ⅰ. F269.24

中国国家版本馆 CIP 数据核字第 2024F9G244 号

面向未来产业的工程科技 2024（人工智能）

李飞　主　编
王　露　郄　雨　副主编

责任编辑	李海燕
责任校对	董雯兰
责任印制	范洪法
封面设计	雷建军
出版发行	浙江大学出版社
	（杭州市天目山路 148 号　邮政编码 310007）
	（网址：http://www.zjupress.com）
排　　版	杭州好友排版工作室
印　　刷	杭州高腾印务有限公司
开　　本	710mm×1000mm　1/16
印　　张	9.25
字　　数	128 千
版 印 次	2024 年 6 月第 1 版　2024 年 6 月第 1 次印刷
书　　号	ISBN 978-7-308-25089-4
定　　价	98.00 元

版权所有　侵权必究　印装差错　负责调换
浙江大学出版社市场运营中心联系方式：(0571) 88925591；http：// zjdxcbs.tmall.com

前 言

　　未来产业是具有高成长性、先导性、战略性的产业。从全球范围来看，围绕着新一代信息技术、生物技术、材料技术、能源技术等主导的产业，前沿技术集群正在不断推动着产业变革发展。为了抢占世界科技和产业竞争的制高点、赢得未来产业发展先机，世界各国都非常重视未来产业的布局与发展。美国、欧盟、英国、日本等主要经济体，都立足于本国（地区）的优势领域、产业基础等出台了推动未来产业发展的系列制度法案，围绕量子科学、人工智能、未来网络、生命健康、新能源、新材料、空天、海洋等重点领域方向进行布局。中国也高度重视未来产业发展，在《中华人民共和国国民经济和社会发展第十四个五年规划和2035年远景目标纲要》中专门用一节单独阐述"前瞻谋划未来产业"，明确提出要"在多个前沿科技和产业变革领域，组织实施未来产业孵化与加速计划，谋划布局一批未来产业"。考虑到未来产业在技术供给侧和需求侧具有双重不确定性，以及未来产业技术生态发展的客观规律，需要加强面向未来产业的工程科技的预测分析工作，进一步推动前沿技术多路径探索、交叉融合和颠覆性技术体系的统筹协调供给。本书基于未来产业自身发展规律，采用多源数据融合方法，实时动态研判未来产业的技术路线和未来发展方向，以"人脑＋机脑"相结合的方法开展面向未来产业的工程科技分析预测，立足教育、科技、人才、政策一体化框架进行大数据咨询研究。

人工智能（AI）作为当前全球科技发展的前沿热点之一，能够与其他领域技术进行深度融合，从而深刻影响产业形态、加速产业变革，被认为是最有可能引致新一轮产业革命与社会革命的战略新兴技术，是当前大国竞争博弈的战略焦点。人工智能指的是计算机或机器实现类似于人类的智能、具有模仿人类思维能力的能力，例如理解和处理语言、做出决策、解决问题等。近年来，我国在人工智能科技领域取得重大突破，在语音识别、人脸识别、自动驾驶等技术领域处于全球发展领先地位，以人工智能技术为核心的产业规模已超过 3000 亿元人民币且呈现快速增长态势。

本书以面向未来产业的人工智能科技作为研究对象。在刚刚过去的十年中，人工智能科研成果从实验室走向产业化，正在重塑传统行业的技术与产品形态、发展模式。其引领未来的战略价值已经凸显，为全球经济社会高质量发展做出了不容忽视的贡献，因此也被称为"终极的突破性技术"。当前，国内外人工智能科技取得了飞速发展，在超大规模、多模态预训练行业大模型、脑机接口等不同工程应用场景中均取得了重大突破，达到或超过了人类水准，成为引领新一轮技术革命和产业变革的战略性技术。全球经济体都高度重视人工智能领域的工程科技研究和产业发展，意识到人工智能是各国新一轮经济竞争的核心驱动力，同时也意识到掌握突破性科技的高端人才对人工智能的发展至关重要。

本书采用"教育—科技—人才—政策"四维一体的数据分析模型，相关研究涵盖当前人工智能权威报告、白皮书、新闻资讯、政策、论文、专利、人才、产业等多源数据。首先运用大数据分析、专家访谈、问卷调查方法得到人工智能方向八大工程科技热点，然后利用文献计量方法得到教育、科技、人才、政策方面的分析结果，从四个维度客观地呈现了当前人工智能的总体进展、研究热点，以及未来趋势走向。本书可供人工智能领域的政策制定人员、研究人员、从业人员、普通公众客观地把握人工智能领域的最新动态，有利于在宏观层面有序引导社会资源的高效配置，加快推动人工智能产业高质量发展。本研究成果仅为"面向未来产业的工程科技"系列丛书中的起步篇,后续浙江大学全球科创与产业发展研究中心会针对不同领域的未来产业持续开展工程科技分析与预测工作。

数据来源与研究方法

1. 人工智能科技分析数据

本研究中的人工智能科技热点词汇来源于国内外最新人工智能领域权威报告与白皮书、顶级期刊、会议与新闻资讯。首先,对上述来源中的全部热点科技词汇进行综合比对分析,结合技术生态视角,以满足体系化支撑未来产业发展的工程化应用为目的,邀请专家进行综合性、专业性评判,初步筛选出20个工程科技热点。之后,为弥补因数据滞后和权威报告本身的缺陷所导致的前沿性不足和技术遗漏,采用问卷调查方法,邀请来自人工智能相关领域的国内200多位科技专家和企业高管对这20个科技热点逐一进行打分并补充新建议。最终,得到面向未来产业的人工智能方向八大工程科技热点,分别是"高性能计算""AI网络与数据安全""图智能""超大规模、多模态预训练行业大模型""端云协同计算""AI新基建""具身智能""脑机接口"。

2. 论文数据

本书的论文数据源选取Web of Science(以下简称WOS)数据库核心合集的数据,并且由浙江大学图书馆项目研究团队负责数据清洗与加工。学术会议也是人工智能领域科研活动不可或缺的环节,因此,本部分的数据集还包含WOS学科中所涵盖的AI领域会议论文数据。论文数据具体处理过程如下。

（1）在 WOS 核心合集数据库中检索收录在 AI 领域顶级期刊（Artificial Intelligence、IEEE Trans on Pattern Analysis and Machine Intelligence、International Journal of Computer Vision、Journal of Machine Learning Research）2013—2022 十年间的所有文献（文献类型限定为：Article、Review 和 Proceedings Paper），从中提取上述文献的关键词；从 29370 对共现关键词对中，筛选出 1512 对关键词对；在 WOS 核心合集数据库中检索，获得 2013—2022 年发表的文献计 2226903 篇。

（2）在 WOS 核心合集数据库的会议字段中检索"Artificial Intelligence"，限定出版年为 2013—2022，获得会议论文 73637 篇。

（3）将以上两个数据源合并后，形成本书分析的数据基础——全球人工智能论文数据集，以下简称"AI 数据集"，论文总数共计 225 万篇左右。

3. 专利数据

本书的专利数据来自智慧芽专利数据库，该数据库深度整合了从 1790 年至今的全球 164 个国家地区的 1.7 亿多的专利数据及 1.5 亿多的文献数据，获取每个国家 2013—2022 年的人工智能领域专利数据，专利总数超 200 万篇。专利数据具体处理过程如下。

（1）专利检索式。和智慧芽高级分析师商讨以后，对战略性新兴产业二级分类中的"人工智能"进行拓展与补充，构建本书的专利检索式。

（2）查全率。查全率是指检出的相关文献量与检索系统中相关文献总量的比率，是衡量信息检索系统检出相关文献能力的尺度。由于技术描述的多样化，难以查出系统中相关文献的总量，通常检验查全率的方式是用检索出的相关文献量中的某个申请人的专利量对比检索系统中同一个申请人中的相关专利总量。

专利文献集合的查全率定义如下：设 S 为待验证的待评估查全专利文献集合，P 为查全样本专利文献集合（P 中的每一篇文献都必须要与分析的主题相关，即"有效文献"），则查全率 r 可以定义为：

$$r = \text{num}(P \cap S)/\text{num}(P)$$

其中，$P \cap S$ 表示 P 与 S 的交集，num()表示集合中元素的数量。

在查全文献库构建之初，项目组使用了基于重要申请人构建的查全样本书文献库对查全文献库进行了评估，分别对包括谷歌在内的 10 个人工智能企业的查全率进行计算。

（3）查准率。项目组基于首次公开日降序排序、年代筛选等方式，在待评估专利文献集合中间断性地抽取专利构建查准样本书文献库，对查准文献库进行了评估。

4．教育数据

本书的高校 AI 综合实力排行榜来自 CS Rankings。它以全球高校和研究机构在计算机领域的顶级学术会议上发表的论文数量作为主要依据，很大程度上反映了全球高校和研究机构在计算机学科和相关方向的学术影响力和国际活跃度，能体现出院校在计算机科学领域的实力以及师资力量，结果也相对透明。在进行具体排名时，榜单将计算机科学领域分为 AI、理论、系统、交叉科学等四大板块，历年上榜机构得分基本在 1.0 及以上。

本书中的国内 AI 学科和专业排行榜来自教育部官方数据，数据整理与分析由"青塔网"协助完成。

5．人才数据

本书的 AI 人才整体数量、需求与缺口、薪酬数据来自猎聘大数据研究院、领英等。

6．企业数据

本书的企业市值排名、融资排名、整体排名的数据来源来自 Wind（万得经济数据库）等。

目　录

第一章　人工智能整体情况 ………………………………………… 1
1.1　起源与发展历程 ……………………………………………… 3
1.2　定义与产业链 ………………………………………………… 5
1.3　意义与挑战 …………………………………………………… 8

第二章　面向未来产业的八大人工智能科技 ……………………… 9
2.1　高性能计算 …………………………………………………… 11
2.1.1　概念应用 ………………………………………………… 12
2.1.2　前沿进展 ………………………………………………… 12
2.1.3　商业资讯 ………………………………………………… 13
2.1.4　未来展望 ………………………………………………… 14
2.2　AI 网络与数据安全 …………………………………………… 15
2.2.1　概念应用 ………………………………………………… 16
2.2.2　前沿进展 ………………………………………………… 16
2.2.3　商业资讯 ………………………………………………… 18
2.2.4　未来展望 ………………………………………………… 18
2.3　图智能 ………………………………………………………… 19
2.3.1　概念应用 ………………………………………………… 20
2.3.2　前沿进展 ………………………………………………… 20

2.3.3	商业资讯	21
2.3.4	未来展望	22
2.4	超大规模、多模态预训练行业大模型	23
2.4.1	概念应用	24
2.4.2	前沿进展	24
2.4.3	商业资讯	25
2.4.4	未来展望	26
2.5	端云协同计算	27
2.5.1	概念应用	28
2.5.2	前沿进展	28
2.5.3	商业资讯	29
2.5.4	未来展望	29
2.6	AI新基建	31
2.6.1	概念应用	32
2.6.2	前沿进展	32
2.6.3	商业资讯	33
2.6.4	未来展望	34
2.7	具身智能	35
2.7.1	概念应用	36
2.7.2	前沿进展	36
2.7.3	商业资讯	37
2.7.4	未来展望	38
2.8	脑机接口	39
2.8.1	概念应用	40
2.8.2	前沿进展	40
2.8.3	商业资讯	41

2.8.4　未来展望 …………………………………………… 42

第三章　人工智能教育维度 ……………………………………… 43

　3.1　高校 AI 综合实力 ………………………………………… 44

　　　3.1.1　全球各国高校 AI 综合实力 …………………………… 44

　　　3.1.2　全球各国高校 AI 综合实力历年情况 ………………… 45

　　　3.1.3　中国高校 AI 综合实力 ………………………………… 46

　　　3.1.4　中国 AI 综合实力前十高校历年情况 ………………… 47

　　　3.1.5　三大经济圈高校 AI 综合实力 ………………………… 48

　　　3.1.6　三大经济圈高校 AI 综合实力历年情况 ……………… 49

　3.2　高校 AI 学科建设情况 …………………………………… 50

　　　3.2.1　中国 CS 一级学科和 AI 交叉学科历年情况 ………… 50

　　　3.2.2　三大经济圈 CS 一级学科和 AI 交叉学科累计新增数量
　　　　　　………………………………………………………… 52

　　　3.2.3　三大经济圈 CS 一级学科和 AI 交叉学科历年新增数量
　　　　　　………………………………………………………… 53

　3.3　高校开设 AI 专业情况 …………………………………… 54

　　　3.3.1　中国开设 AI 专业高校数量历年情况 ………………… 54

　　　3.3.2　三大经济圈开设 AI 专业高校数量比较分析 ………… 55

　　　3.3.3　三大经济圈开设 AI 专业高校数量历年情况 ………… 55

　3.4　AI 从业者教育背景与薪酬比较 ………………………… 57

　　　3.4.1　中美 AI 从业者教育背景比较分析 …………………… 57

　　　3.4.2　中美 AI 从业者薪酬比较分析 ………………………… 58

第四章　人工智能科技维度 ……………………………………… 59

　4.1　AI 创新聚集度 …………………………………………… 61

　　　4.1.1　全球 AI 创新整体实力 ………………………………… 61

　　　4.1.2　全球 AI 创新领先水平 ………………………………… 68

4.2 AI 创新研发机构 ······ 75
4.2.1 AI 基础研发机构 ······ 75
4.2.2 AI 应用研发机构 ······ 79
4.3 AI 交流合作 ······ 87
4.3.1 全球 AI 技术跨国合作 ······ 87
4.3.2 三大经济圈跨区域合作 ······ 89
4.3.3 三大经济圈跨部门合作 ······ 90

第五章 人工智能人才维度 ······ 93
5.1 AI 人才基本情况 ······ 95
5.2 AI 人才需求 ······ 96
5.3 AI 人才缺口 ······ 97
5.4 顶尖 AI 人才 ······ 98
5.4.1 中国顶尖 AI 科学家 ······ 98
5.4.2 中国杰出 AI 专利工程师 ······ 99

第六章 人工智能政策维度 ······ 101
6.1 美国政策 ······ 103
6.2 欧盟政策 ······ 112
6.3 英国政策 ······ 116
6.4 日本政策 ······ 120
6.5 韩国政策 ······ 121
6.6 中国政策 ······ 122
6.7 全球政策比较 ······ 129

附件 1 本书编写组其他成员 ······ 134

附件 2 法律声明 ······ 135

第一章
人工智能整体情况

1.1 起源与发展历程

1.2 定义与产业链

1.3 意义与挑战

1.1 起源与发展历程

"人工智能"(artifical intelligence,简称"AI")概念自1955年在一份题为"关于举办达特茅斯人工智能夏季研讨会的提议"的建议书中被首次提出以来,时至今日历经了两落三起。正如潘云鹤院士所言:"回顾人工智能的发展历程中的发展和主要挫折,不难发现,当人工智能和信息环境的变化趋势不符时,往往就使得人工智能的发展遭遇羁绊。促使人工智能发展变化的动力既有来自人工智能研究的内部驱动力,也有来自信息环境与社会需求的外部驱动力,两者都很重要,后者的动力更加强大。"[①]

第一次高潮:达特茅斯会议吹响了人工智能启航号角。 1956年6月—8月,30多位学者参加了达特茅斯学院人工智能研讨会,开展了为期8周的讨论。主要参会者后来都成为人工智能史上鼎鼎有名的人物,其中有4位获得过图灵奖,还有一位获得诺贝尔经济学奖,例如麦卡锡(人工智能教父,图灵奖获得者)、明斯基(人工智能概念和框架理论的创立者,图灵奖获得者)、索洛莫洛夫(算法概率论创始人)等。自此,人工智能开始出现

---

① PAN Y H. Heading toward Artificial Intelligence 2.0[J/OL]. Engineering, 2016, 2(4): 409-413. DOI:10.1016/J.ENG.2016.04.018.

在人们的视野,同时也开启了各国政府、研究机构、军方对人工智能投资和研究的第一波热潮。1956年也被称为人工智能元年。

第一次低谷:"莱特希尔报告"对人工智能给出悲观评价。英国剑桥大学莱特希尔(Lighthill)教授在1973年发布的研究报告《人工智能:一份全面报告》(Artificial Intelligence: A General Survey)中指出,人工智能项目就是浪费钱,迄今该领域没有哪个部分做出的发现产生了像之前承诺的那样的成果。基于此,英国政府终止了对英国高校人工智能相关研究的几乎全部资助。到20世纪70年代中期,美国和其他国家也大幅下调了该领域的投入,人工智能进入第一次寒冬。

第二次高潮:"知识工程"和"专家系统"的蓬勃发展开启了AI新征程。1977年,图灵奖获得者、斯坦福大学费根鲍姆(E. A. Feigenbaum)教授在第五届国际人工智能会议上提出了"知识工程"概念。他还因其在"专家系统"的贡献获得1994年图灵奖,被誉为"专家系统之父"。此后专家系统在全世界得到迅速发展并实现部分商业化。例如医药专家系统"Mycin"可以根据病人的回答给出最佳治疗方案。但是该系统存在"只专不通"的问题。

第二次低谷:日本第五代计算机研制失败造成投资者信心丧失。日本的第五代计算机有个宏大目标:抛弃冯·诺依曼架构,采用新的并行架构,采用新的存储器、新的编程语言,以及能处理自然语言、图像的新操作方式。但是截至1992年,历经10年的漫长努力,耗资8.5亿美元的日本第五代计算机因关键性技术无法突破而宣告失败,由此各国政府、金融界均开始减少对AI的投资,人工智能进入第二次寒冬。

第三次高潮:ChatGPT为代表的AI大模型或将引发第四次工业革命。在ChatGPT火爆之前,人工智能自21世纪初就已经正式步入稳定发展期,以"深度学习"为代表的AI方法在计算机视觉、语音识别、游戏博弈等多个领域取得显著进展并迎来新一轮发展机遇。[1] 2022年末ChatGPT的

---

[1] 吴飞.走进人工智能[M].北京:高等教育出版社,2023:103-110.

火爆成为了近期最大规模的"科技树剪枝"工作,并被许多科学家认为是第四次工业革命的到来。ChatGPT 代表的 AI 大模型为我们提供了一个全新的对话体验,拓展了人类和机器之间的交流方式,同时也为人工智能技术在科学、商业、教育等多个领域中的应用提供了无限的可能。

图 1-1 示意了人工智能两落三起的曲折发展历程。

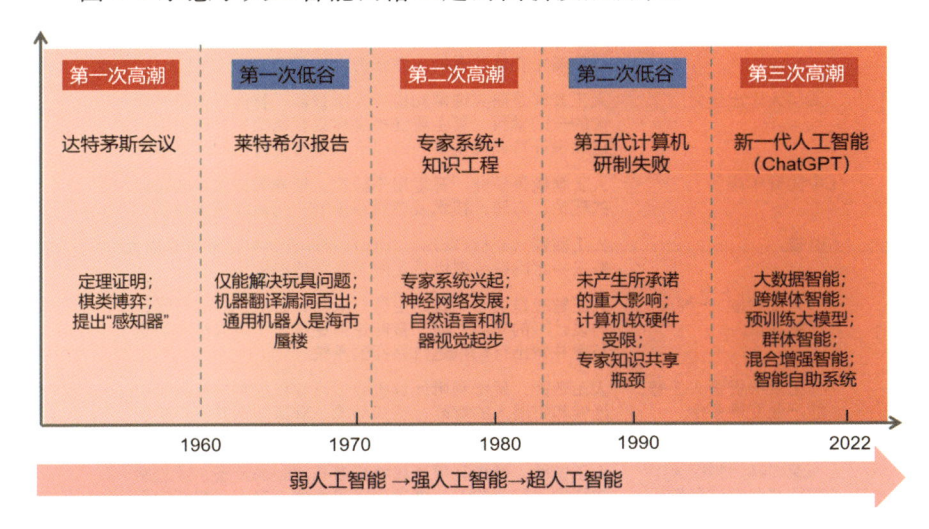

第一次高潮	第一次低谷	第二次高潮	第二次低谷	第三次高潮
达特茅斯会议	莱特希尔报告	专家系统+知识工程	第五代计算机研制失败	新一代人工智能(ChatGPT)
定理证明;棋类博弈;提出"感知器"	仅能解决玩具问题;机器翻译漏洞百出;通用机器人是海市蜃楼	专家系统兴起;神经网络发展;自然语言和机器视觉起步	未产生所承诺的重大影响;计算机软硬件受限;专家知识共享瓶颈	大数据智能;跨媒体智能;预训练大模型;群体智能;混合增强智能;智能自助系统
1960	1970	1980	1990	2022

弱人工智能 → 强人工智能 → 超人工智能

图 1-1　人工智能两落三起的曲折发展历程

数据来源:公开数据。数据整理与分析:浙江大学全球科创与产业发展研究中心

1.2　定义与产业链

人工智能自诞生至今,在业界尚无普遍接受的统一定义(见图 1-2)。从根本上讲,人工智能是研究使计算机模拟人类的某些思维过程和智能行为(如学习、推理、思考、规划等)的学科,主要包括计算机实现智能的原理、制造类似于人脑智能的计算机,使计算机能实现更高层次的应用。此外,人工智能还涉及心理学、哲学和语言学等几乎所有自然科学和社会科学的学科,其范围已远远超出了计算机科学的范畴。

来源出处	人工智能当前主流定义
百度百科	人工智能是一个以计算机科学为基础，由计算机、心理学、哲学等多学科交叉融合的交叉学科、新兴学科，研究、开发用于模拟、延伸和扩展人的智能的理论、方法、技术及应用系统的一门新的技术科学
维基百科	人工智能就是机器展现出的智能，即只要是某种机器，具有某种或某些智能的特征或表现，都应该算作"人工智能"
《大英百科全书》	人工智能是数字计算机或数字计算机控制的机器人在执行智能生物体才有的一些任务上的能力
清华大学出版社	人工智能是研究理解和模拟人类智能、智能行为及其规律的一门学科。其主要任务是建立智能信息处理理论，进而设计可以展现某些近似于人类智能行为的计算系统
《中国青年报》	人工智能是研究、开发用于模拟、延伸和扩展人的智能的理论、方法、技术及应用系统的一门新的技术科学
微软	人工智能（artificial intelligence, AI）一词是指为解决特定问题或提供特定服务而创建的模型
《人工智能：一种现代的方法》	人工智能是关于"智能主体(Intelligent Agent)的研究与设计"的学问，而"智能主体是指一个可以观察周遭环境并做出行动以达致目标的系统"
《上海市促进人工智能产业发展条例》	人工智能，是指利用计算机或者计算机控制的机器模拟、延伸和扩展人的智能，感知环境、获取知识并使用知识获得最佳结果的理论、方法、技术及应用系统
《深圳经济特区人工智能产业促进条例》	人工智能，是指利用计算机或其控制的设备，通过感知环境、获取知识、推导演绎等方法，对人类智能的模拟、延伸或扩展

图 1-2　人工智能定义

数据来源：公开数据。数据整理与分析：浙江大学全球科创与产业发展研究中心

AI的含义最早由科学家约翰·麦卡锡于1956年首次提出，彼时将AI定义为"制造智能机器的科学与工程"。当前，各行各业对于人工智能存在多种定义维度和分类方法。虽然人工智能的定义无法统一，但是人工智能定义的原则应当是明确的，包括AI定义应当灵活且中立、不宜过于紧缩或失于宽泛、应当易于理解、应当考虑对公众的潜在影响。[①]

[①] U. S. Chamber of Commerce Technology Engagement Center. Artificial Intelligence Report ［R/OL］.（2023-03-09）［2023-10-05］. https://www.uschamber.com/technology/artificial-intelligence-commission-report.

本书对国内外 AI 定义和 AI 当前产业链进行了系统性整理和收集。

人工智能产业链分为支撑层(底层技术)、技术层(核心技术)和应用层(应用领域)三大部分(见图 1-3)。其中,基础层侧重基础支撑平台的搭建,主要包含 AI 软件与平台、AI 硬件与平台、数据技术与平台、网络通信四个维度;技术层关注核心与前沿技术的研发,包括机器感知、跨媒体智能、大数据智能、机器学习、人机交互与增强智能、智能自主系统、群体智能七个维度;应用层注重产业的应用与落地,包括智能制造、智能安防、智能家居、智能物流、智能交通、智能能源、智能医疗、智能文娱、智能教育、智慧城市等多个应用端。目前人工智能的应用已经辐射到千行百业,市场前景广阔。

图 1-3 人工智能产业链图谱

数据来源、整理与分析:人工智能省部共建协同创新中心(浙江大学)

1.3 意义与挑战

党的二十大报告明确提出要加快发展数字经济,促进数字经济和实体经济深度融合,打造具有国际竞争力的数字产业集群。与鼓舞人心的顶层设计相呼应,ChatGPT 的横空出世与现象级传播,则标志着 AI 大模型已然跨过普及扩散的临界点。这一新质生产力工具为互联网企业传统组织、流程与业务的提质增效打开了前所未有的想象空间。① 工业和信息化部统计数据显示,截至 2022 年 6 月,我国人工智能企业数量超过 3000 家,仅次于美国,排名第二,人工智能核心产业规模超过 4000 亿元。②

虽然人工智能行业市场巨大,机会众多,但也面临着智能和计算方面的诸多技术挑战。③ 例如在智能方面,从基于数据的智能升级到更多样化的智能,包括感知智能、认知智能、自主智能和人机融合智能等均面临着重大的理论和技术挑战;在算力方面,数字化浪潮带来了应用、连接、终端、用户以及数据量前所未有的增长,所有这些都需要巨大的计算能力,算力供给难以满足 AI 的高速发展。

此外,在人工智能的巨大潜力被迅速挖掘释放的同时,我们也应对其潜在风险保持高度警惕。加强人工智能发展的潜在风险研判和防范,维护人民利益和国家安全,确保人工智能安全、可靠、可控,是中国推进人工智能治理的方向。④

---

① 张正. 互联网产业升级关键路口,华为云打出两张"王炸"[EB/OL]. (2023-09-21)[2023-10-04]. http://k.sina.com.cn/article_1887344341_707e96d501901enhr.html.
② 新一代人工智能发展战略研究院. 中国新一代人工智能科技产业发展报告[R/OL]. (2023-05-19)[2023-10-07]. https://cingai.nankai.edu.cn/2023/0519/c9373a512669/page.htm.
③ ZHU S, YU T, XU T, et al. Intelligent Computing: The Latest Advances, Challenges, and Future[J/OL]. Intelligent Computing, 2023, 2: 0006. DOI:10.34133/icomputing.0006.
④ 光明网. 人工智能全球治理应做到交流、互鉴、包容[EB/OL]. (2023-09-20)[2023-10-06]. https://cingai.nankai.edu.cn/2023/0519/c9373a512669/page.htm.

第二章
面向未来产业的八大人工智能科技

2.1 高性能计算

2.2 AI网络与数据安全

2.3 图智能

2.4 超大规模、多模态预训练行业大模型

2.5 端云协同计算

2.6 AI新基建

2.7 具身智能

2.8 脑机接口

2.1 高性能计算

2.1.1　概念应用

高性能计算(High Performance Computing,HPC)使用并行工作的强大处理器集群,处理海量多维数据集(大数据),并以极高的速度解决复杂问题。[1] 它代表了一种战略性的、改变游戏规则的技术,与理论和实验一起构成了科学研究的"第三支柱"和科学发现的新途径,成为应对数据快速增长和摩尔定律接近极限的重要方法,对提高经济竞争力、科学领导地位和国家安全性至关重要。[2] 其应用领域也从具有国家战略意义的核武器研制、信息安全、石油勘探等科学计算领域向更广泛的国民经济主战场快速扩张,例如制药、基因测序、动漫渲染、数据挖掘、金融分析以及互联网服务等。[3]

2.1.2　前沿进展

由浙江大学、清华大学和国家超级计算无锡中心等单位联合开展的"迈向涡轮机械流动的百亿亿次级计算"项目入围2023年度ACM"戈登·贝尔奖"(国际高性能计算应用领域的"诺贝尔奖")。中国研究团队提出了一种最先进的大涡模拟代码来求解叶轮机械中的可压缩流,基于神威系列超级计算机,面向超大规模高精度航空发动机气动热力学模拟,成功实现

---

[1] IBM. What is supercomputing? [EB/OL]. [2023-09-17]. https://www.ibm.com/topics/supercomputing.
[2] 王花蕾.美国高性能计算计划的演进逻辑、管理机制与实施特点[J].科技导报,2023,41(7):98-105.
[3] 吴声计事.被忽视的国之重器:高性能计算那些事儿[EB/OL].(2022-04-05)[2023-09-28]. https://mp.weixin.qq.com/s/MCCbsNxJ1nbOtFyRwKqjjg.

了采用通量重构(FR)方法的航空发动机复杂流动大涡模拟程序的开发、并行及测试。该工作为实现美国国家航空航天局(NASA)提出的航空发动机整机数值模拟迈出了坚实的一步。①

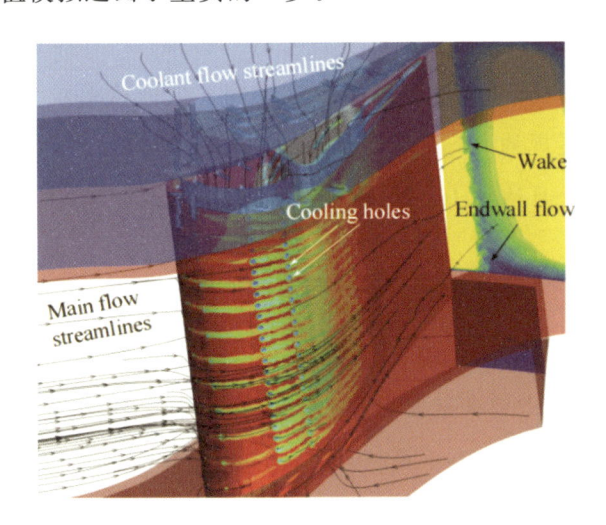

图 2-1　具有从冷却孔喷出冷却液的高压涡轮叶片吸入表面上的温度

数据来源：Towards Exascale Computation for Turbomachinery Flows①

2.1.3　商业资讯

2023 年 5 月，日本东京工业大学和富士通等宣布，将在 2023 年度内使用超级计算机 Fugaku 开发出高级生成式人工智能。②

2023 年 6 月，最新超级计算机(简称"超算")前 500 位排行榜中③，前

---

① FU Y, SHEN W, CUI J, et al. Towards Exascale Computation for Turbomachinery Flows [M/OL]. arXiv, 2023[2023-11-22]. http://arxiv.org/abs/2308.06605. DOI:10.48550/arXiv.2308.06605.

② 集微网.日本将利用"富岳"超级计算机开发生成式 AI 目前排名全球第二[EB/OL].(2023-05-23)[2023-06-28]. https://baijiahao.baidu.com/s? id＝17666710665324149668wfr＝spider&for＝pc.

③ TOP500. The TOP500 list of supercomputers-June 2023 [EB/OL]. (2023-06)[2023-09-25]. https://www.top500.org/lists/top500/2023/06/

三名分别是美国的 Frontier（全球唯一的百亿亿次级机器）、日本的 Supercomputer Fugaku、芬兰的 HPE。中国的神威太湖之光和天河二号甲分别位列第七和第十，美国优势明显，在前十名中占据五个席位。

2023年9月，摩根士丹利的报告指出[①]，特斯拉的 Dojo 超级计算机将为特斯拉带来高达5000亿美元的市值增幅。根据特斯拉在2023年6月发布的算力发展规划，Dojo 将在次年一季度成为全球排名前五的算力设施，并在次年10月达到100EFlops算力。

2.1.4 未来展望

超级计算机被誉为计算机科学工程的皇冠，它带动了 AI for Science 的高速发展，引领着整个计算领域的发展走向，值得持续关注。预计未来5~10年，以"CPU+GPU+QPU"为特点的高性能计算时代将会到来。[②] 40多年来，我国的高性能计算机经历了从无到有、从弱到强、从引进吸收到自主可控的艰难历程，未来市场广阔。据 Frost&Sullivan 预测，到2028年我国的超算服务市场规模将接近900亿元。[③]

[①] 周晓雯. 价值5000亿美元的"大饼"！大摩这篇特斯拉 Dojo 研报究竟说了什么？[EB/OL]. (2023-09-12)[2023-09-15]. https://wallstreetcn.com/articles/3697719.

[②] 腾讯研究院. 2023年十大数字科技前沿应用趋势[R/OL]. (2022-12-14)[2023-10-05]. https://mp.weixin.qq.com/s/QW0V6dN1ykqJIupWaz8Meg.

[③] 梁谦刚. 超级计算机 Dojo 火了，每秒运算千万亿次，6万亿巨头暴涨！加速布局超算，A股概念名单出炉[EB/OL]. (2023-09-12)[2023-10-07]. http://www.stcn.com/article/detail/976635.html.

2.2 AI网络与数据安全

2.2.1 概念应用

AI 既是网络安全和数据安全的需求来源，也是网络安全和数据安全的下一形态，二者相互博弈又相互成就。网络信息给我们的生活和工作带来了极大的便利，但同时也带来了极大的威胁。当前，以人工智能等为代表的信息技术日新月异，与此同时，网络攻击、窃密与诈骗，数据泄露、交易与篡改事件频频出现，AI 技术所带来的网络与数据安全风险需要警惕。因此，不管是政府、企业、公众层面，都应将网络与数据安全贯穿在各个职能、服务与产品中，网络与数据安全建设应成为支撑社会各类业务的关键要素，以及数字化的信任基础。①

2.2.2 前沿进展

2023 年 9 月，美亚柏科电子数据取证与智能装备研究院 AI 研发中心发表网络与数据安全方向论文被全球信息安全领域顶级期刊 IEEE Transactions on Information Forensics & Security 录用。② 该论文主要针对当前图像多标签识别分析中已有信息压缩方法适用性不足，信息传导过程中属性内变化过于严重等问题，创新性提出指数化信息瓶颈理论，通过最小化互信息量以增强神经网络表达能力，在不增加网络参数量的同时有效缓解标签语义信息偏差的问题，在多种网络结构的多标签属性识别任务评测数据集上取得领域最佳性能。表 2-1 介绍了不同数据集的最先进方法的性能。

---

① 毕马威. 网络安全重要趋势报告[R/OL]. (2023-05-06)[2023-10-07]. https://kpmg.com/cn/zh/home/insights/2023/05/cybersecurity-considerations-2023.html.

② WU J, HUANG Y, GAO M, et al. Exponential Information Bottleneck Theory Against Intra-Attribute Variations for Pedestrian Attribute Recognition [J/OL]. IEEE Transactions on Information Forensics and Security, 2023, 18: 5623-5635. DOI:10.1109/TIFS.2023.3311584.

表 2-1 对 PETA、PA100K、RAPv1 和 RAPv2 数据集的最先进方法的性能进行比较

Method	Backles	PETA mA	Accu	Prec	Recall	F1	PA100K mA	Accu	Prec	Recall	F1	RAPv1 mA	Accu	Prec	Recall	F1	RAPv2 mA	Accu	Prec	Recall	F1
DeepMAR(ACPR15)[25]	CaffeNet	82.89	75.07	83.68	83.14	83.41	72.70	70.39	82.24	80.42	81.32	73.79	62.02	74.92	76.21	75.56	—	—	—	—	—
HPNet(ICCV17)[36]	InceptionNa	81.77	76.13	84.92	83.24	84.07	72.19	82.97	82.09	82.53	76.12	65.39	77.33	78.79	78.05	—	—	—	—	—	—
JRL(ICCV17)[48]	AlexNet	82.13	—	83.55	82.12	82.02	—	—	—	—	—	74.74	—	75.08	74.96	74.62	—	—	—	—	—
PGDX(ICME18)[26]	CaffeNet	82.97	78.08	86.86	84.68	85.76	74.95	73.08	84.36	82.24	83.29	74.31	64.57	78.86	75.90	77.35	—	—	—	—	—
GRL(IJCAI18)	Inception-V3	85.70	—	84.34	88.82	86.51	—	—	—	—	—	81.20	—	77.70	80.90	79.29	—	—	—	—	—
MsVAA(ECCV18)[39]	ResNet101	84.59	78.56	86.79	86.12	86.46	—	—	—	—	—	—	—	—	—	—	78.34	65.57	77.37	79.17	78.26
RA(AAAI19)[63]	Inception-V3	86.11	—	84.69	88.51	86.56	—	—	—	—	—	81.16	—	79.45	79.23	79.34	—	—	—	—	—
VRKD(IJCAI19)[31]	RecNet50	84.90	80.95	88.37	87.47	87.91	77.87	78.49	88.42	86.08	87.24	78.30	69.79	82.13	80.35	81.23	—	—	—	—	—
VAC(ICCV19)[7]	ResNet50	—	—	—	—	—	79.16	79.44	88.97	86.26	87.59	—	—	—	—	—	79.23	64.51	75.77	79.43	77.10
ALM(ICCV19)[44]	BN-Inception	86.30	79.52	85.65	88.09	86.85	80.68	77.08	84.21	88.84	86.46	81.87	68.17	74.71	86.48	80.16	79.79	64.79	73.93	82.03	77.77
Da-HAR(AAAI20)[52]	ResNet101	—	—	—	—	—	79.44	68.86	80.14	81.30	80.72	—	—	—	—	—	—	—	—	—	—
SSC_hard(ICCV19)	ResNet50	85.92	78.53	86.31	86.23	85.96	81.02	78.42	86.39	87.55	86.55	82.14	68.16	77.87	82.88	79.87	—	—	—	—	—
IAA-Caps(PR22)[51]	OSNet	85.27	78.04	86.08	85.80	85.64	81.94	80.31	88.36	88.01	87.80	81.72	68.47	79.56	82.06	80.37	79.99	68.03	78.75	81.37	79.69
VAC(DCV22)[8]	ResNet50	—	—	—	—	—	82.19	80.66	88.72	88.10	88.41	81.30	70.12	81.56	81.51	81.54	—	—	—	—	—
Baseline	OSNet	83.50	77.02	85.86	84.78	84.97	80.77	79.09	87.78	87.01	86.96	80.65	67.70	79.70	80.11	79.45	78.82	67.27	78.85	80.29	79.14
AttExpII8	OSNet	85.90	77.58	84.88	86.36	85.32	83.23	79.42	86.70	88.60	87.23	82.46	68.81	79.67	81.63	80.25	80.60	67.31	78.66	80.38	79.15

数据来源：Exponential Information Bottleneck Theory Against Intral-Attribute Variations for Pedestrian Attribute Recognition.

2.2.3 商业资讯

据不完全统计,2023年1—6月,国内超过亿元人民币级别的网络与数据安全领域投融资事件有8起,其中观安信息以单次近3亿元的融资金额位于榜首,烽台科技在上半年融资两次合计高达3.7亿元。[①]

截至2023年9月,美国共有15家AI巨头公司官宣并承诺"推动人工智能技术的安全、可靠和值得信赖的发展",企业均承诺将向公众推出产品之前确保产品安全,并构建将安全放在首位的人工智能系统。[②]

2.2.4 未来展望

未来5~10年,网络与数据安全技术将是全世界一个重中之重的问题。在数字经济浪潮下,网络与数据安全作为企业发展的内生需求和保护盾,其市场潜力巨大。工信部等16部门发布的《关于促进数据安全产业发展的指导意见》提出,2025年我国单数据安全产业规模力争超过1500亿元,同比增速预计高达30%。随着2023年国内《数字中国建设整体布局规划》《新时代的中国网络法治建设》《关于促进数据安全产业发展的指导意见》等政策不断发布,整体大趋势仍将保持稳步上升,中国也愿意在AI安全领域积极开展国际合作,致力于打造和平、安全、开放、合作、有序的网络和数据空间,"让AI更安全,让安全更智能"。

---

① 安全419. 2023年上半年网络安全投融资盘点 数据安全领域高度活跃[EB/OL].(2023-07-12)[2023-10-03]. https://mp.weixin.qq.com/s/TMPoUsg4aES1XEp0IJrSAg.

② 胡耕硕. 美国八家AI公司再次承诺安全可信!包括英伟达、IBM等[EB/OL].(2023-09-14)[2023-10-06]. https://baijiahao.baidu.com/s?id=1777024664014055351&wfr=spider&for=pc.

2.3 图智能

2.3.1 概念应用

图智能是一种集成了图论、机器学习和人工智能技术的先进方法，通过对图结构的建模、分析和推理，实现对复杂关系网络的智能化处理和应用，在学术文献分析、智慧城市、交通管理、金融风控、网络安全等领域都发挥着重要作用。

2.3.2 前沿进展

2023年4月，美国哈佛医学院在 *Nature Machine Intelligence* 上发表评述文章[1]，介绍了多模态图学习的蓝图。该框架可以帮助开发利用图进行多模态学习的新方法。研究人员将此方法应用于广泛的领域，包括计算机视觉、语言处理以及自然科学等。在2022世界人工智能大会首场论坛"新一代图智能技术发展与实践论坛"上，中国工程院院士、浙江大学教授陈纯表达了对图智能的信心。陈院士还强调了时间和图的结合，他认为，"人类的经验、知识都跟时间相关，不管是建立信任关系，还是物理世界的很多问题，比如桥梁质量检测，都需要时间的考验"。"引入时间维度，加上以'图'刻画关系的空间维度，通过时序图实时计算及智能决策，很多问题可以迎刃而解，这是时序动态图实时计算的价值"。图 2-2 介绍了以图为中心的多模态学习流程。[2]

---

[1] EKTEFAIE Y, DASOULAS G, NOORI A, et al. Multimodal learning with graphs[J/OL]. Nature Machine Intelligence, 2023, 5(4): 340-350. DOI:10.1038/s42256-023-00624-6.

[2] 中国经济网. 2022世界人工智能大会热议图智能：中国有望跻身全球第一方阵[EB/OL]. (2023-09-02)[2023-07-18]. http://www.ce.cn/xwzx/gnsz/gdxw/202209/02/t20220902_3807982.

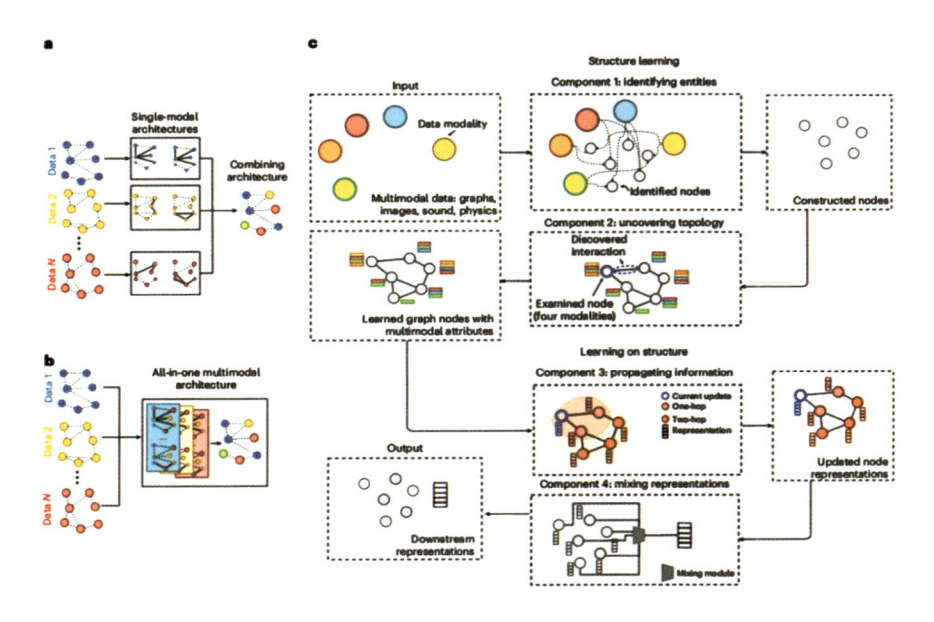

图 2-2　以图为中心的多模态学习

数据来源：Multimodal learning with graphs.

2.3.3　商业资讯

2023年4月，图智能公司Fabarta宣布已经成功获得亿元人民币的Pre-A轮融资。[①] 本轮融资由朗玛峰创投领投，蓝驰创投、将门创投跟投。

2023年9月，蚂蚁集团发布大图模型（Large Graph Model，LGM）[②]，它将图计算、图学习等图智能技术与大模型相结合，同时释放大模型的生成能力和图计算的关联关系分析能力，通过更直观、全面的信息呈现和更精准的洞察，更好地解决海量复杂的数字化应用难题。目前蚂蚁集团已完成第一阶段"生成式异质图增强"的研究工作，相关成果论文被世界计算机

[①] 王与桐.36氪独家｜Fabarta获过亿元人民币pre-A轮融资，大图和大模型在AGI时代缺一不可[EB/OL].（2023-04-18）[2023-10-02]. https://36kr.com/p/2218999287411334.

[②] 蚂蚁技术AntTech.图智能走向通用人工智能怎么做？外滩大会这项研究有干货[EB/OL].（2023-09-07）[2023-09-20]. https://mp.weixin.qq.com/s/fK_pf3WUy8_6Sluzm_M2_A.

顶级会议(WWW 2023)收录。

2.3.4 未来展望

图智能有可能影响未来 5~10 年前沿科技竞争格局，并且中国极有希望在图智能领域占据世界第一梯队。咨询公司 Gartner 预言[①]，图技术已经成为很多现代数据和分析能力的基础，并预测到 2025 年，图技术将应用于 80%的数据和分析创新。

---

① Gartner. Gartner Top 10 Data and Analytics Trends for 2021[EB/OL]. (2021-03-15)[2023-09-14]. https://www.gartner.com/smarterwithgartner/gartner-top-10-data-and-analytics-trends-for-2021.

2.4 超大规模、多模态预训练行业大模型

2.4.1 概念应用

超大规模、多模态预训练行业大模型是工程化的重大创新,其核心技术壁垒是数据、算法、算力等要素资源的精巧组合。目前国内外已经出现"百模大战"现象级火爆场面。据不完全统计,目前国内已经发布了79个大模型,已有19家国内企业参与AI大模型训练。[①] 其中超大规模主要指的是模型的参数规模大,呈现指数级增长态势,目前可达千亿级别;多模态指的是模型可以同时处理并理解多种类型信息,如文本、图像、音频、视频等,让模型具备更强的感知力与交互性。它是当前人工智能领域的研究热点和前沿技术,被认为是人工智能应用的基础设施之一。[②]

2.4.2 前沿进展

北卡罗来纳大学教堂山分校、微软提出了可组合扩散模型(CoDi),它能够从输入模态的任何组合中生成输出模态的任意组合,如语言、图像、视频或音频。与现有的生成人工智能系统不同,CoDi可以并行生成多个模态,其输入不限于文本或图像等模态的子集。CoDi采用了一种新颖的可组合生成策略,该策略涉及通过在扩散过程中桥接对齐来构建共享的多模式空间,从而能够同步生成交织的模态,例如时间对齐的视频和音频。CoDi具有高度的可定制性和灵活性,实现了强大的联合模态生成质量,在

---

① 卓泳. 又一款AI大模型问世!京东最新发布,参数达千亿级![EB/OL].(2023-07-13)[2023-08-28]. https://mp.weixin.qq.com/s/avLk-dxYc7HjRuJzt8YH0w.

② 华为. 人工智能行业:预训练大模型白皮书[R/OL].(2022)[2023-10-07]. https://www.huaweicloud.com/about/white-papers.html.

单模态合成方面优于或等于单峰最先进技术。[①] 图 2-3 介绍了基于 CoDi 同时并行生成的多种模态。

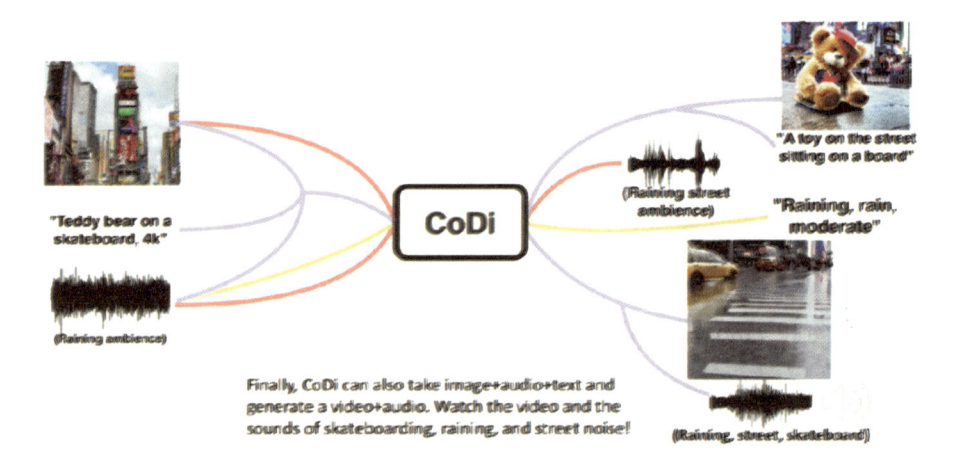

图 2-3　基于 CoDi 同时并行生成多种模态

数据来源：CoDi：Any-to-Any Generation via Composable Diffusion[①]

2.4.3　商业资讯

2023 年 3 月，华为盘古大模型 3.0 发布。[②] 该模型具备 NLP 大模型的知识问答、文案生成、代码生成，以及多模态大模型的图像生成、图像理解等能力。

2023 年 5 月，谷歌在 I/O 大会上宣布谷歌的研究中心正在转向 Gemini———一种多模态和高效的机器学习工具。[③] 据三位知情人士透露，谷歌已经允许一小部分公司使用 Gemini 软件的早期版本，这意味着谷歌

[①]　TANG Z, YANG Z, ZHU C, et al. Any-to-Any Generation via Composable Diffusion[M/OL]. arXiv, 2023[2023-11-21]. http://arxiv.org/abs/2305.11846.

[②]　吕栋. 华为发布盘古大模型 3.0，"没时间作诗"[EB/OL].（2023-07-07）[2023-08-28]. https://baijiahao.baidu.com/s?id=1770753938985392830&wfr=spider&for=pc.

[③]　科学边角料. 一文读懂 AI 最新进展！打工人使用指南[EB/OL].（2023-10-10）[2023-10-13]. https://mp.weixin.qq.com/s/zZBeS0BwaYeDLPRrldanCw.

即将将其纳入消费者服务。

2023年9月，OpenAI被曝计划在GPT-4中融入和Gemini类似的多模态功能，根据网站草图编写代码、对图表进行可视化分析、处理图像和文本等。①

2.4.4 未来展望

根据大模型之家测算，预计2028年，中国大模型产业市场规模将达到1179亿元，平均增速高于世界平均增长速率。② 我们预计在未来5~10年内，超大规模、多模态预训练行业大模型将根据各个行业具体需求进行微调，"成为AI的操作系统"，服务千行百业。

---

① AI前线.OpenAI放大招"对打"谷歌Gemini：全力筹备多模态大模型，并发布新指令语言模型[EB/OL].(2023-09-20)[2023-09-27].https://mp.weixin.qq.com/s/rsupGE6qudYAjj189MGP7A.

② 速途网,大模型之家.AI大模型产业创新价值研究报告[R/OL].(2023-07-15)[2023-10-07].http://www.sootoo.com/content/858482.shtml.

2.5 端云协同计算

2.5.1 概念应用

端云协同计算指的是从大模型参数竞赛走向大小模型的协同进化,大模型向边、端的小模型输出模型能力,小模型负责实际的推理与执行,同时小模型再向大模型反馈算法与执行成效,让大模型的能力持续强化,形成有机循环的智能体系。[1]"端云协同计算"让小模型更容易获取通用的知识与能力。小模型专注在特定场景做极致优化,提升了性能与效率,解决了过去大模型数据集过于单一的问题。小模型在真实场景回收的增量数据,让大模型有再进化的元素。

2.5.2 前沿进展

2023年,浙江大学、浙江大学上海高级研究院、新加坡国立大学共同提出了DUET[2],通过无需设备训练从云生成自适应设备模型参数来实现有效的设备模型泛化。该项研究有效地学习了从实时样本到设备模型参数的映射函数,从而产生了低时间延迟和更好的设备特定的个性化。大量实验表明,DUET在精度和实时性能方面大大优于微调方法。论文验证了其在实际应用中的潜在价值。图2-4是对端云协同DUET的具体描述。

---

[1] 达摩院.十大科技趋势[R/OL].(2021-12-28)[2023-10-07]. https://damo.alibaba.com/techtrends/2022.

[2] LV Z, ZHANG W, ZHANG S, at al. DUET: A Tuning-Free Device-Cloud Collaborative Parameters Generation Framework for Efficient Device Model Generalization[C/OL]//Proceedings of the ACM Web Conference 2023. New York, NY, USA: Association for Computing Machinery, 2023: 3077-3085. [2023-11-20]. https://doi.org/10.1145/3543507.3583451. DOI:10.1145/3543507.3583451.

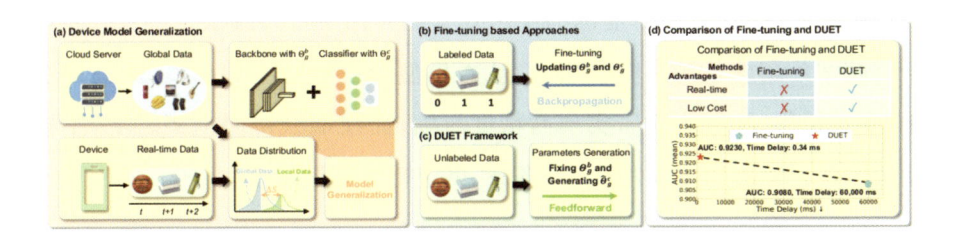

图 2-4 端云协同 DUET 具体描述

数据来源：DUET：A Tuning-Free Device-Cloud Collaborative Parameters Generation Framework for Efficient Pevice Model Generalization.

2.5.3 商业资讯

2023 年 5 月,CCIG 2023 技术论坛"大小模型端云协同计算"在江苏省苏州市苏州狮山国际会议中心举行。[①] 会上,浙江大学吴飞教授的博士生张圣宇报告介绍了人工智能的历史沿革和端云协同分布式机器学习研究等内容。

2023 年 5 月,中国电信发布电信云 AI 高清摄像头[②],用 AI 算法端云协同来守卫千行百业。

2023 年 7 月,华为开发者大会 2023(Cloud)期间,华为云举办了以"端云协同,打造硬件云服务生态新圈层"为主题的云商店分论坛。[③]

2.5.4 未来展望

我们预计,未来 5～10 年内,全社会不需要重复训练相似的大模型,模

[①] 中国图象图形学学会 CSIG. CCIG 2023 大会技术论坛"数字化设计与制造"举办[EB/OL]. (2023-05-23)[2023-08-18]. http://www.ce.cn/xwzx/gnsz/gdxw/202209/02/t20220902_38079825.shtml.

[②] 天翼终端.中国电信云 AI 高清摄像头发布,AI 算法端云协同,守卫千行百业[EB/OL]. (2023-05-17)[2023-09-18]. https://mp.weixin.qq.com/s/nPNMHDTN4yaY0YUqkr0w3w.

[③] 51CTO. 端云协同,华为云携手伙伴打造万物智能化的新未来[EB/OL]. (2023-07-17)[2023-08-16]. https://www.51cto.com/article/760755.html.

型可以被共享,让算力与能源的使用效率最大化。正如浙江大学上海高等研究院常务副院长吴飞教授所言,从大模型到终端可用的小模型,关键在于"取其精华、化繁为简",实现高精度压缩;而在端云协同框架之下,小模型的实践积累对于大模型而言,将是"集众智者无畏于圣人"[①]。

[①] AI科技评论.从炼大模型到大小模型协同进化!产研界联合发布端云协同平台"洛犀"[EB/OL].(2022-01-25)[2023-08-28].https://mp.weixin.qq.com/s/Vqi46Ge2on_c6SMr3dWqBg.

2.6 AI 新基建

2.6.1 概念应用

AI新基建主要包括数据基础设施、算力基础设施和AI软件设施，是一个系统化工程。正如人工智能和机器学习领域国际权威学者吴恩达所说："人工智能是新电能，正改变医疗、交通、娱乐、制造业等主要行业，丰富充实着无数人的生活。"[1]通过与诸多垂直领域的应用相结合，人工智能新基建不断为行业产业降本增效，不断创造出新需求、新商业模式和新的经济增长点。[2]

2.6.2 前沿进展

2023年9月，清华大学首次提出了强化学习的城市社区空间规划模型与方法，并实现了人类规划师与人工智能算法协作的城市规划流程，为智能城市的自动化规划提供了全新思路。[3] 在同期的新闻与观点文章中，麻省理工学院可感知城市实验室（MIT Senseable City Lab）的研究科学家Paolo Santi评价道："该成果解决了城市规划概念和计算上的关键难题，成功展示了人类与AI协作完成空间布局规划任务的可行性，为城市科学提

---

[1] 笔记侠.吴恩达：人工智能是新电能[EB/OL].(2017-09-19)[2023-08-29]. https://www.sohu.com/a/193125438_731550.

[2] 任泽平.ChatGPT引爆"人工智能+"，新基建新机遇[EB/OL].(2023-02-10)[2023-09-18]. https://mp.weixin.qq.com/s/MrU8Lxg4BC8w3LTh2TVc1A.

[3] ZHENG Y, LIN Y, ZHAO L, et al. Spatial planning of urban communities via deep reinforcement learning[J/OL]. Nature Computational Science, 2023, 3(9): 748-762. DOI:10.1038/s43588-023-00503-5.

供了丰富的未来研究方向。"①结合人工输入,机器学习辅助土地和道路空间规划的表现超越了其他算法和专业人类设计师,在所有考虑的指标方面均提高 50% 左右,且速度快了 3000 倍。图 2-5 介绍了 AI 代理所生成的更高效的规划方案。

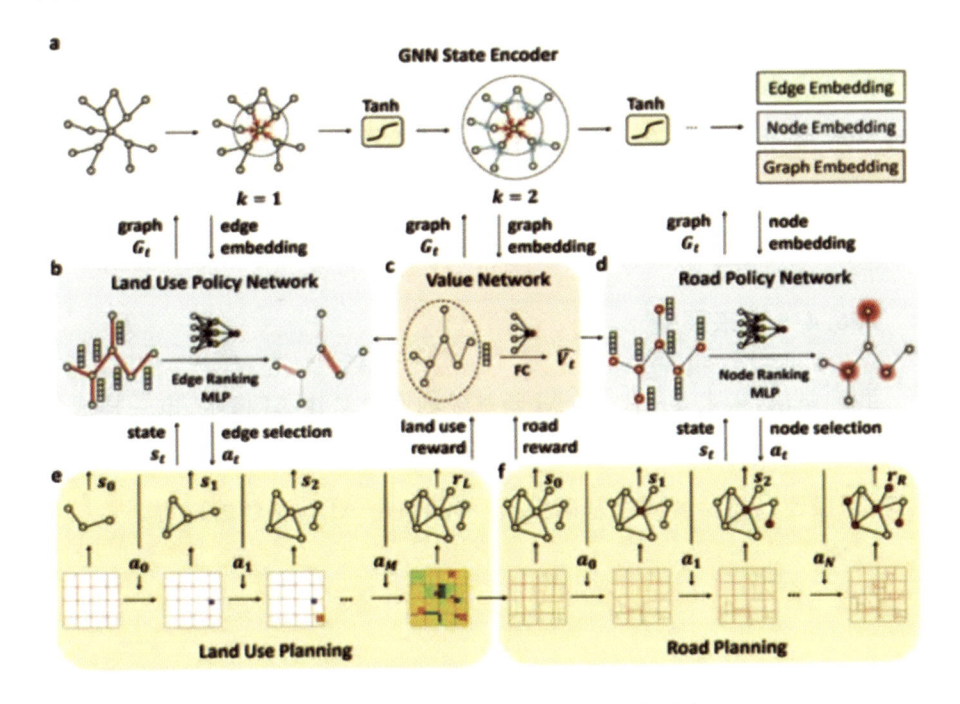

图 2-5　AI 代理能够生成更高效的规划方案

数据来源:Spatial Planning for Urban Communities via Deep Reinforcement Learning.

2.6.3　商业资讯

2023 年 2 月,英伟达向美国证券交易委员会(SEC)提交近百亿美元的

---

① 清华新闻网. Nat. Comput. Sci. 前沿:基于深度强化学习的城市社区空间规划方法[EB/OL]. (2023-09-15)[2023-10-03]. https://mp.weixin.qq.com/s/H5mStREtwS1PNFGlZawgjA.

股票增发申请①，本次融资或代表全球算力龙头英伟达拉开了算力竞备序幕。

2023年6月，商汤公布AI大模型多行业进展，大装置构建"触手可及"的AGI基础设施。②

2023年7月，霍因科技将AI分类分级能力融入数据底座中，完成数千万元A轮融资。③

2023年9月，在"2023开放数据中心大会"上，阿里云表示其智能计算集群灵骏可以实现10万卡规模横向扩展，能够为万亿级参数的模型提供服务。④

2.6.4 未来展望

我们坚信，未来5~10年，AI新基建的愿景是让AI像水、电一样成为唾手可得的普惠资源。目前从产业层面来看，头部科技企业正在联合地方政府，积极建设运营区域性基础设施，不断加速AI新基建的培育。⑤

---

① 国盛通信团队. 英伟达拟百亿募资，进军AI算力服务[EB/OL].（2023-03-02）[2023-05-16]. https://mp.weixin.qq.com/s/jHajxFV2VnX53oKftABKwA.

② 浦东发布. 商汤公布AI大模型多行业进展，大装置构建"触手可及"的AGI基础设施[EB/OL].（2023-06-03）[2023-07-09]. https://mp.weixin.qq.com/s/twdV0s0iaVfE4K5Wf4xUrw.

③ 龙真梓. 将AI分类分级能力融入数据底座中，霍因科技完成数千万元A轮融资[EB/OL].（2023-07-10）[2023-08-09]. https://36kr.com/p/2334846583889544.

④ 中国信通院CAICT. 算力使能，开放无限——2023开放数据中心大会在京召开[EB/OL].（2023-09-13）[2023-10-06]. https://36kr.com/p/2334846583889544.

⑤ 中国信通院CAICT. 智能筑基，可信为先——中国信通院"可信AI"峰会亮点抢先看[EB/OL].（2022-07-26）[2023-09-26]. https://mp.weixin.qq.com/s/0n0wx_JMsiHRoHszBrSseQ.

2.7 具身智能

2.7.1 概念应用

具身智能近日被英伟达创始人 CEO 黄仁勋带火。华尔街见闻·见智研究认为:"具身智能带来的 AI 价值远比人形机器人更大。具身智能最大的特质就是能够以主人公的视角去自主感知物理世界,用拟人化的思维路径去学习,从而做出人类期待的行为反馈,而不是被动地等待数据投喂。"[1] 斯坦福大学计算机科学教授李飞飞进一步解释道:"具身的含义不是身体本身,而是与环境交互以及在环境中做事的整体需求和功能。"[2] 图灵奖获得者、上海期智研究院院长姚期智认为,人工智能领域下一个挑战将是实现"具身通用人工智能"[3],即如何构建能够通过自我学习掌握各种技能并执行现实生活中的种种通用任务的高端机器人。清华大学计算机系教授张钹院士也提出,随着基础模型的突破,通用智能机器人(具身智能)是未来的发展方向。[4]

2.7.2 前沿进展

2023 年 7 月,斯坦福大学李飞飞教授公布了一项具身智能领域的新

---

[1] 韩枫. 英伟达带火的"具身智能"是什么? AI 价值远比机器人更大[EB/OL]. (2023-05-18)[2023-05-29]. https://mp.weixin.qq.com/s/pR_KCcez01N-MFu33y66rw.

[2] 机器之心. 李飞飞划重点的"具身智能",走到哪一步了? [EB/OL]. (2022-06-29)[2023-05-29]. https://mp.weixin.qq.com/s/fQgIHv78Q1AG5bF6fQYbGg.

[3] 俞陶然. 人形机器人"小星"问世,期智研究院瞄准具身通用人工智能[EB/OL]. (2023-08-04)[2023-09-07]. https://www.jfdaily.com/staticsg/res/html/web/newsDetail.html?id=638686&sid=67.

[4] 藏狐. 具身智能,是机器人的"冷饭热炒"吗? [EB/OL]. (2023-07-23)[2023-10-05]. https://mp.weixin.qq.com/s/hoFZUHNC0Gq55KYcuyPa2g.

成果。① 在这项工作中，李飞飞团队提出了一个通用的机器人操作框架，从 LLMs 中提取启示和约束，为开放集指令和对象提供了显著的泛化优势。在大模型的支持下，机器人不仅能够与环境有效地交互，而且能够在无需额外数据和训练的情况下完成各种任务，如绕过障碍、开瓶子、按开关、拔充电线等。图 2-6 是对具身智能机器人 VoxPoser 的基本描述。

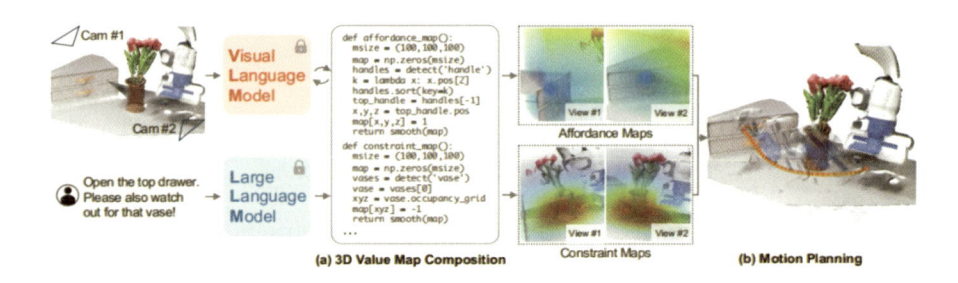

图 2-6　具身智能机器人 VoxPoser 基本描述

数据来源：VoxPoser：Composable 3D Value Maps for Robotic Manipulation with Language Models.

2.7.3　商业资讯

2023 年 3 月，谷歌发布了一款拥有 5620 亿参数的大模型 PaLM-E②，这是为机器人感知世界建立的"基础模型"。

2023 年 5 月，特斯拉 2023 股东大会展示了 Optimus 人形机器人最新进展③，包括捡起物品、环境发现和记忆，基于 AI 模仿人类动作，能完成分类物品的复杂任务。

---

① HUANG W, WANG C, ZHANG R, at al. VoxPoser：Composable 3D Value Maps for Robotic Manipulation with Language Models[M/OL]. arXiv, 2023[2023-11-21]. http://arxiv.org/abs/2307.05973. DOI：10.48550/arXiv.2307.05973.

② 明敏.谷歌报复性砸出 5620 亿参数大模型！比 ChatGPT 更恐怖，机器人都能用，学术圈已刷屏[EB/OL]. (2023-03-10)[2023-07-12]. https://mp.weixin.qq.com/s/r6wzrI4h4hBxZJgcVl89Xw.

③ 博将资本.AI 下一波浪潮：人形机器人[EB/OL]. (2023-11-21)[2023-11-22]. https://mp.weixin.qq.com/s/ocdVPUTE1nfmXZRedLIEhg.

2023年7月,机器人被李飞飞接入大模型后直接听懂人话,0预训练就能完成复杂指令。①

2023年7月,谷歌DeepMind宣布推出RT-2。② 它是全球第一个控制机器人的视觉—语言—动作(VLA)模型。谷歌高管称,RT-2是机器人制造和编程方式的重大飞跃。

2.7.4 未来展望

我们认为,未来5～10年内,具身智能可能会成为AI的下一个大浪潮和iPhone时刻。人形机器人是具身智能的物理形态之一。人形机器人的市场规模十分可观,据市场研究机构Marketsandmarkets预测,全球人形机器人市场规模将从2022年的15亿美元提升至2027年的173亿美元,复合增长率达63.5%。③

---

① 丰色,梦晨.李飞飞"具身智能"新成果! 机器人接入大模型直接听懂人话,0预训练就能完成复杂指令[EB/OL].(2023-07-10)[2023-09-12].https://mp.weixin.qq.com/s/XleXS_5shzZNiOSxUFZfgQ.

② 机器之心.DeepMind发布机器人模型RT-2,全球首个视觉—语言—动作模型[EB/OL].(2023-07-31)[2023-08-23].https://mp.weixin.qq.com/s/GhebmOJOeRhW86ygLmmH5Q.

③ 李瑶.明星科技公司为什么突然热衷造人形机器人?[EB/OL].(2022-10-02)[2023-10-01].https://mp.weixin.qq.com/s/cao1zoDX_KwgWW66JalJdA.

2.8 脑机接口

2.8.1 概念应用

脑机接口(Brain Computer Interface,BCI)是与人工智能关联的当代前沿技术之一。它在人或动物大脑与计算机及其外部设备之间建立起信息交换的联系,可用于辅助、修复或增强人的行动、表达和感知功能,从而帮助肢体残疾者重新获得一定的运动能力、帮助失语者重拾语言表达能力以及帮助感官失能者(如盲人、聋人等)恢复一定的感知功能。除了医疗健康领域之外,脑机接口技术还可用于艺术、体育、军事和游戏等场景,展现出十分广阔的应用前景。[1]

2.8.2 前沿进展

2023年8月,*Nature* 同一天发布了两项独立的脑机接口方向研究成果。[2] 一项来自加州大学旧金山分校华裔科学家张复伦团队[3],另一项来自斯坦福大学的神经科学家弗朗西斯·威利特团队[4]。两项研究都旨在帮助那些因脑损伤和疾病而失去语言能力的人恢复语言能力。弗朗西斯·威利特在新闻发布会上表示:"现在可以想象这样一个未来,我们可以让语言障碍患者恢复流畅的对话,使他们能够自由地说出他们想说的任何话,

---

[1] 肖峰.脑机接口技术的发展现状、难题与前景[J].人民论坛,2023,(16):34-39.
[2] 脑机接口社区.脑机接口里程碑!一天2篇Nature![EB/OL].(2023-08-25)[2023-10-01]. https://mp.weixin.qq.com/s/AfHP3pUBLRn2fIa_s4EUng.
[3] METZGER S L, LITTLEJOHN K T, SILVA A B, et al. A high-performance neuroprosthesis for speech decoding and avatar control[J/OL]. Nature, 2023, 620(7976):1037-1046. DOI:10.1038/s41586-023-06443-4.
[4] WILLETT F R, KUNZ E M, FAN C, et al. A high-performance speech neuroprosthesis[J/OL]. Nature, 2023, 620(7976):1031-1036. DOI:10.1038/s41586-023-06377-x.

而且准确度高到足以被可靠地理解。"图 2-7 展示了声道麻痹参与者的多模态语音解码过程。①

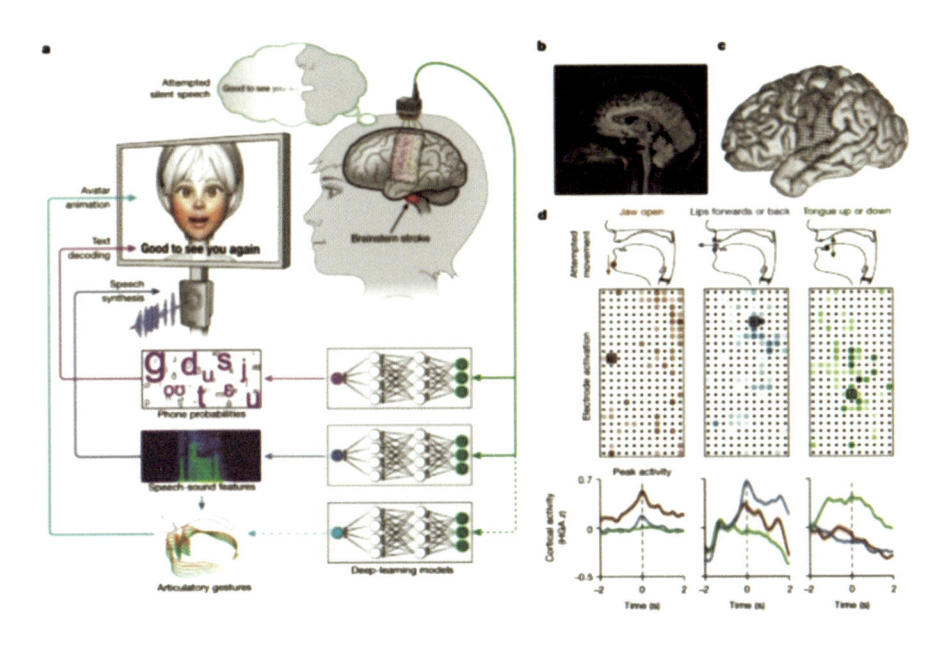

图 2-7　声道麻痹参与者的多模态语音解码

数据来源：A High-performance Speech Neuroprosthesis

2.8.3　商业资讯

2023 年 8 月,马斯克旗下脑机接口公司 Neuralink 再获 2.8 亿美元融资。②

2023 年 8 月,中国光谷企业衷华脑机独立研发出"植入式脑机接口系

---

① NADDAF M. Brain-reading devices allow paralysed people to talk using their thoughts[J/OL]. Nature, 2023, 620(7976): 930-931. DOI:10.1038/d41586-023-02682-7.
② 环球网. 马斯克旗下脑机接口公司 Neuralink 获 2.8 亿美元融资[EB/OL]. (2023-08-08)[2023-09-12]. https://tech.huanqiu.com/article/4E2doGnxhK8.

统"。①

2023年9月,马斯克面向全世界招募脑机接口"小白鼠",开启了首批脑机接口的人体临床工作。②

2023年9月,中科华意完成种子轮融资,持续打造全球领先的脑机接口与神经调控平台。③

2.8.4 未来展望

我们认为,脑机接口在未来5~10年里应用场景极其广阔,包括意识障碍医用诊断、眼部疾病医用诊断和治疗、失能者功能修复和交流辅助、个性化学习教育和亲子沟通、太空作业辅助、元宇宙人机交互等领域。同时,与许多新兴技术一样,在广泛实施这些接口之前,必须考虑到广泛的伦理问题。④ 目前,我国脑机接口市场规模约10亿元。脑机接口作为新兴产业,各国在核心技术及市场拓展等方面尚未拉开差距,中国在核心器件设计方面不存在明显落后,在政策倾斜与资源加持下,有望实现弯道超车。⑤

---

① 中国光谷.重大突破!光谷企业独立研发出"植入式脑机接口系统"[EB/OL].(2023-08-26)[2023-09-12]. https://mp.weixin.qq.com/s/UgGDsoZDeKV6dXnQ1tallw.
② 新华网.马斯克旗下脑机接口公司获批招募临床志愿者[EB/OL].(2023-09-21)[2023-10-05]. http://www.news.cn/world/2023/09/21/c_1129874903.htm.
③ 李汶芸.中科华意完成种子轮融资,持续打造全球领先的脑机接口与神经调控平台[EB/OL].(2022-09-22)[2023-07-08]. https://www.vbdata.cn/1518873068.
④ 脑机接口产业联盟.脑—机接口十大应用场景[EB/OL].(2023-07-13)[2023-10-18]. https://mp.weixin.qq.com/s/LkwWTz5XfNcSPxip7Iyz0g.
⑤ 36氪研究院.2023年中国脑机接口行业洞察报告[R/OL].(2023-05-16)[2023-10-08]. https://36kr.com/p/2258856544677769.

第三章
人工智能教育维度

3.1 高校AI综合实力

3.2 高校AI学科 建设情况

3.3 高校开设AI专业情况

3.4 AI从业者教育背景与薪酬比较

3.1 高校 AI 综合实力

3.1.1 全球各国高校 AI 综合实力

美国高校在 AI 综合实力方面遥遥领先（见表 3-1）。2018—2022 年，美国有 171 所高校进入 CS Ranking—AI 榜单[①]，稳居世界首位，是第二名的德国的两倍还多，属于世界第一梯队；德国、英国、中国、加拿大和澳大利亚、韩国分别以 62、41、35、30、13 和 10 所高校进入榜单，位居全球第二到第七位。包含中国在内的这六个国家虽然在上榜高校数量方面远小于美国，但是也都不少于 10 所，属于第二梯队。前十其余国家如日本、法国和新加坡的上榜高校数量均小于 10，属于第三梯队。其余国家属于第四梯队。

此外，从前十国家地域分布来看，亚洲在前十名中占据四个席位，整体优势最为明显，但是单一国家的高校 AI 综合实力仍有待增强。

---

① CS Rankings 不同于依赖社会名誉和师生调查的传统排名机制，CS Rankings 以全球高校和研究机构在计算机领域的顶级学术会议上发表论文数量作为主要依据，很大程度反映了全球高校和研究机构在计算机学科和相关方向的学术影响力和国际活跃度，更能体现出院校在计算机科学领域的实力以及师资力量，结果也相对透明。进行具体排名时，榜单将计算机科学领域分为 AI、理论、系统、交叉科学等四大板块，每个板块包含若干个分支。历年上榜机构得分基本在 1.0 及以上。

表 3-1　全球各国高校 AI 综合实力前十国家(2018—2022 年累计)

全球排名	国家	进入 CS Ranking 榜单的高校数量(个)
1	美国	171
2	德国	62
3	英国	41
4	中国	35
5	加拿大	30
6	澳大利亚	13
7	韩国	10
8	日本	9
9	法国	8
10	新加坡	4

数据来源:CS Rankings—AI 榜单

3.1.2　全球各国高校 AI 综合实力历年情况

中德高校 2018—2022 年 AI 综合实力先变强后保持不变,美国上榜高校数量降幅最大。2018—2022 近五年,从各国历年上榜高校数量来看,中国和德国表现为先增加、后保持稳定的趋势;美、英、法表现为先增加后减少的趋势。其中美国降幅最为明显,从 2021 年的 150 所直接降至 2022 年

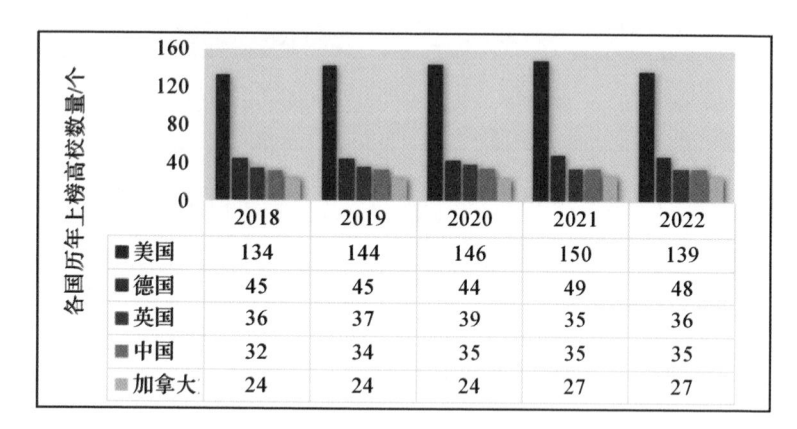

的139所。具体数据详见图3-1。

各国历年上榜高校数量/个	2018	2019	2020	2021	2022
美国	134	144	146	150	139
德国	45	45	44	49	48
英国	36	37	39	35	36
中国	32	34	35	35	35
加拿大	24	24	24	27	27

图3-1 全球各国上榜高校数量历年变化趋势(2018—2022年)

数据来源:CS Rankings—AI榜单

3.1.3 中国高校 AI 综合实力

在中国,北京市高校在 AI 综合实力方面最为突出。根据 2022 年 CS Ranking—AI 榜单,北京大学、清华大学、中国人民大学和北京邮电大学分别位居全国第 1、第 2、第 6 和第 9;其次为上海市,上海交通大学和复旦大学分别位居全国第 3 和第 8;再次为浙江省的浙江大学(No.4)、黑龙江省的哈尔滨工业大学(No.5)、江苏省的南京大学(No.7)和四川省的电子科技大学(No.10)。直观展示见表 3-2。

表 3-2　中国 AI 综合实力前十高校(2022 年)

排名	2022 年中国 AI 综合实力排名前十高校	省份
1	北京大学	北京市
2	清华大学	北京市
3	上海交通大学	上海市
4	浙江大学	浙江省
5	哈尔滨工业大学	黑龙江省
6	中国人民大学	北京市
7	南京大学	江苏省
8	复旦大学	上海市
9	北京邮电大学	北京市
10	电子科技大学	四川省

数据来源:CS Rankings—AI 榜单

3.1.4　中国 AI 综合实力前十高校历年情况

清华大学、北京大学、浙江大学、上海交通大学、南京大学的学校综合实力与人工智能单独实力相比匹配度更高。根据 2023 年软科中国大学排名的最新排名情况(见表 3-3),国内前十高校分别为清华大学、北京大学、浙江大学、上海交通大学、复旦大学、南京大学、中国科学技术大学、华中科技大学、武汉大学和西安交通大学。分析上述十所学校 2018 年和 2022 年的 CS Rankings—AI 排名,排名提高的高校分别是北京大学、浙江大学、上海交通大学、华中科技大学、武汉大学、西安交通大学。

表 3-3　中国 2023 年软科前十高校的 AI 综合实力历年情况(2018—2022 年)

2023软科排名	高校	2018 年 CS Rankings-AI 国内排名	2019 年 CS Rankings-AI 国内排名	2020 年 CS Rankings-AI 国内排名	2021 年 CS Rankings-AI 国内排名	2022 年 CS Rankings-AI 国内排名
1	清华大学	1	1	1	2	2
2	北京大学	2	2	2	1	1
3	浙江大学	5	4	5	5	4
4	上海交通大学	4	5	3	3	3
5	复旦大学	7	6	9	9	9
6	南京大学	8	8	7	6	8
7	中国科学技术大学	12	20	16	16	16
8	华中科技大学	29	28	26	21	23
9	武汉大学	15	11	10	15	12
10	西安交通大学	24	22	23	21	21

数据来源:CS Rankings—AI 榜单,软科 2023 年榜单

3.1.5　三大经济圈高校 AI 综合实力

三大经济圈中长三角地区的高校 AI 综合实力最强,上海市在长三角地区中实力最强。中国三大经济圈的发展很大程度上代表着中国经济发展的最高水平,也担负着率先实现现代化的重任。以京津冀、长三角、珠三角三大经济圈为观测地域范围,从 2018—2022 年三大经济圈高校 AI 综合实力来看(见表 3-4),长三角最强,5 年内上榜高校数量为 13,分别是上海市的复旦大学、上海交通大学、同济大学、上海财经大学、上海科技大学、华东师范大学、上海纽约大学,浙江省的浙江大学和西湖大学,江苏省的南京大学、中南大学、苏州大学,安徽省的中国科学技术大学(排名不分先后);京津冀排名第二,上榜高校数量为 6,分别是来自北京市的清华大学、北京大学、北京航空航天大学、北京交通大学、北京邮电大学、中国人民大学(排名不分先后);珠三角排名第三,上榜高校数量为 4,分别是来自广东省的

南方科技大学、深圳大学、香港中文大学(深圳)、中山大学(排名不分先后)。

此外,单看2022年"CS Ranking—AI"的世界前20高校排名,京津冀和长三角地区平分秋色,占比达20%。其中,京津冀地区按照得分高低依次是北京大学(No.1)、清华大学(No.2)、中国科学院大学(No.8)、中国人民大学(No.11),从省市区域划分来看均属于北京市;长三角地区按照得分高低依次是上海交通大学(No.3)、浙江大学(No.4)、南京大学(No.12)、复旦大学(No.14),从省市区域划分来看,上海市最多,有2个,浙江省和江苏省分别有1个;珠三角地区在2022年最新前20排名中,尚未有高校入选。详细情况见表3-4。

表3-4 三大经济圈高校AI综合实力比较分析(2018—2022年累计)

三大经济圈	2018—2022年上榜高校数量	2022年世界前20高校数量	2022年世界前20高校占比
长三角	13	4	20.00%
京津冀	6	4	20.00%
珠三角	4	0	0

数据来源:CS Rankings—AI榜单

3.1.6 三大经济圈高校AI综合实力历年情况

长三角地区2018—2022年上榜高校数量先增加后不变,京津冀和珠三角地区保持稳定不变。2018—2022年,长三角地区上榜高校数量从2018年的9所增至2020年的12所并随之保持稳定,2022年长三角地区上榜高校数量为京津冀地区2倍、珠三角地区的3倍;长三角和珠三角地区高校数量分别保持在12所和4所。详细情况见图3-2。

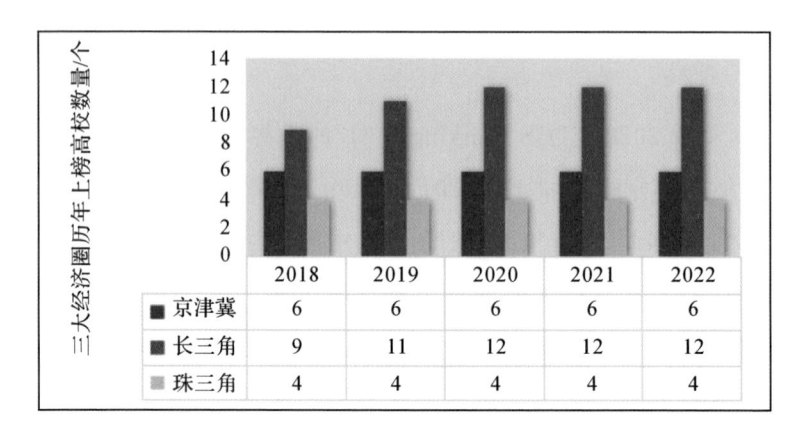

三大经济圈历年上榜高校数量/个	2018	2019	2020	2021	2022
京津冀	6	6	6	6	6
长三角	9	11	12	12	12
珠三角	4	4	4	4	4

图 3-2　三大经济圈上榜高校数量历年变化趋势（2018—2022 年）

数据来源：CS Rankings—AI 榜单

3.2 高校 AI 学科建设情况

3.2.1 中国 CS 一级学科和 AI 交叉学科历年情况

中国硕士/博士学位授权计算机科学与技术一级学科[①]（后面统一简称为"CS 一级学科"）新增数量于 2020 年达到峰值（见图 3-3），中国 AI 博士学位授权交叉学科（后面统一简称为"AI 交叉学科"）新增数量于 2021 年达到峰值。2018—2021 四年内，中国计算机学科与技术一级学科历年均有所增加，其中 2020 年增幅最为明显，增加 15 个。进一步分析发现，上海市最多，四年内共有三所高校新增 CS 一级学科，分别为上海科技大学（2018 年新增 CS 硕士学位授权一级学科，2021 年新增 CS 博士学位授权一级学科）、华东理工大学（2020 年新增 CS 博士学位授权一级学科）、上

---

① 中国没有单独的人工智能一级学科，大多数高校在 CS 一级学科内部设置人工智能学科方向，因此用"计算机科学与技术"一级学科来表征"人工智能"一级学科。

电力大学(2021年新增CS硕士学位授权一级学科);其次为浙江省,四年内共有三所高校设立了CS一级学科,分别为浙江农林大学(2020年新增CS硕士学位授权一级学科)、杭州师范大学(2020年新增CS硕士学位授权一级学科)、湖州师范学院(2020年新增CS硕士学位授权一级学科);新增数量并列第三的为广东省[广东工业大学(2020年新增CS博士学位授权一级学科)、广州大学(2021年新增CS硕士学位授权一级学科)]、吉林省[长春大学(2020年新增CS硕士学位授权一级学科)、东北师范大学(2021年新增CS博士学位授权一级学科)]、江苏省[南京信息工程大学(2020年新增CS博士学位授权一级学科)、南京林业大学(2021年新增CS硕士学位授权一级学科)],上述三个省份四年内各新增2所高校。

2021年12月,教育部发布国务院学位委员会关于印发《交叉学科设置与管理办法(试行)》的通知,其中第七条提及"引导支持学位授权自主审核单位开展有关交叉学科设置试点工作"。在国内政策的加持与产业的爆火推动下,近年来国内AI交叉学科数量逐年增多,2018年我国AI交叉学科新增1个、2021年新增数量达11个。涉及的高校分别是浙江大学(2018年新增AI交叉学科博士点)、武汉大学(2019年新增AI交叉学科博士点)、华中科技大学(2019年新增AI交叉学科博士点)、北京大学(2020年新增AI交叉学科博士点),以及北京理工大学(2021年新增AI交叉学科博士点)、北京师范大学(2021年新增AI交叉学科博士点)、吉林大学(2021年新增AI交叉学科博士点)、中国科学技术大学(2021年新增AI交叉学科博士点)、中南大学(2021年新增AI交叉学科博士点)、四川大学(2021年新增AI交叉学科博士点)、西安交通大学(2021年新增AI交叉学科博士点)。详情见图3-3。

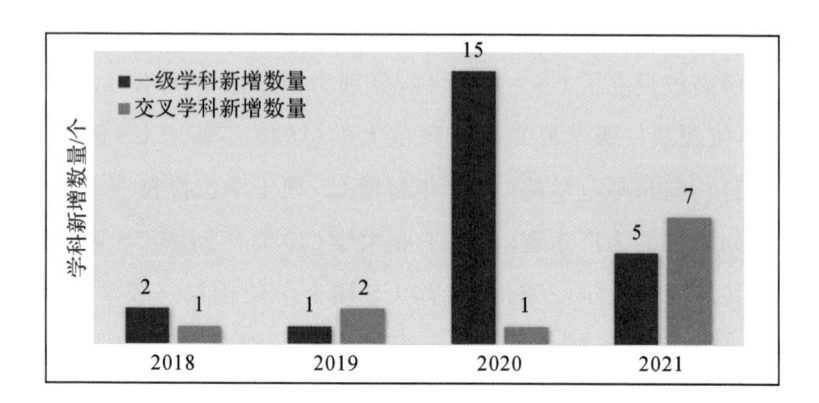

图 3-3　中国 CS 一级学科和 AI 交叉学科新增数量历年变化趋势(2018—2021 年)

数据来源:教育部。浙江大学全球科创与产业发展研究中心和杭州青塔科技有限公司负责整理

3.2.2 三大经济圈 CS 一级学科和 AI 交叉学科累计新增数量

三大经济圈中,长三角地区累计新增 CS 一级学科最多,占全国近四成(见图 3-4)。2018—2021 四年内,长三角地区累计新增 CS 一级学科 7 个,占全国的 39.13%,珠三角地区共新增 2 个,占全国的 8.70%,京津冀共新增 0 个,占比为 0,三大经济圈总共占比为 47.83%,占全国的近五成。

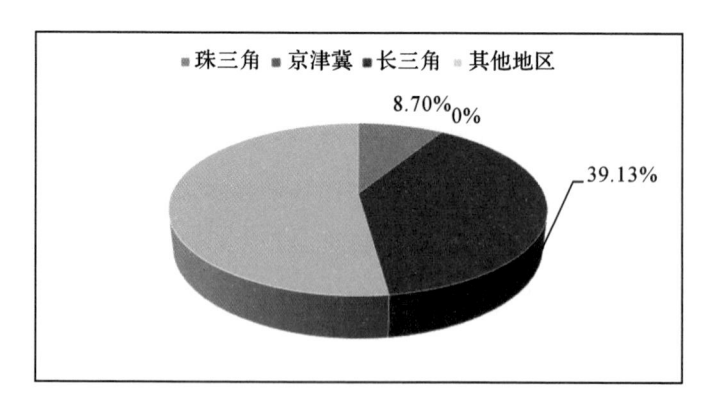

图 3-4　三大经济圈 CS 一级学科累计新增数量比较(2018—2021 年累计)

数据来源:教育部。浙江大学全球科创与产业发展研究中心和杭州青塔科技有限公司负责整理

三大经济圈中京津冀地区累计新增 AI 交叉学科最多,占全国的近三成(见图 3-5)。2018—2021 四年内,京津冀地区共新增 AI 交叉学科 3 个,占全国的 27.27%,长三角地区共新增 2 个,占全国的 18.18%,珠三角地区共新增 0 个,占比为 0,三大经济圈总共占比 45.45%,占全国的近五成。

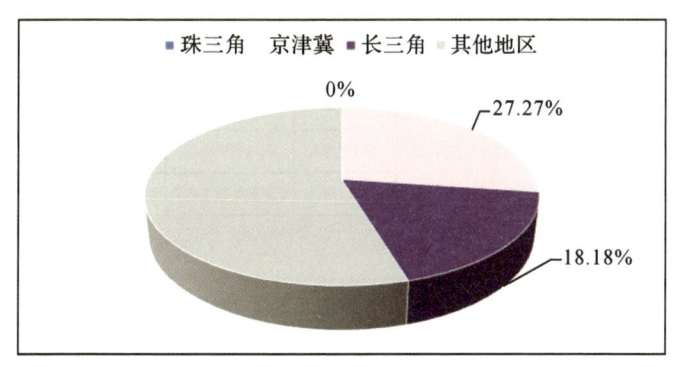

图 3-5　三大经济圈 CS 一级学科和 AI 交叉学科累计新增数量比较(2018—2021 年累计)

数据来源:教育部。浙江大学全球科创与产业发展研究中心和杭州青塔科技有限公司负责整理

3.2.3　三大经济圈 CS 一级学科和 AI 交叉学科历年新增数量

从 2018—2021 年 CS 一级学科历年新增数量来看,长三角地区呈现先增加后减少趋势,珠三角地区呈现缓慢增加趋势,京津冀地区新增量为 0。历年 CS 一级学科新增详细情况如图 3-6 所示。

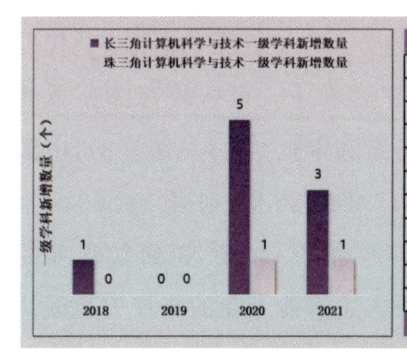

三大经济圈	学校名称	新增类型	年度
长三角	上海科技大学	硕士学位授权一级学科	2018
长三角	浙江农林大学	硕士学位授权一级学科	2020
长三角	杭州师范大学	硕士学位授权一级学科	2020
长三角	湖州师范学院	硕士学位授权一级学科	2020
长三角	华东理工大学	博士学位授权一级学科	2020
长三角	南京信息工程大学	博士学位授权一级学科	2020
珠三角	广东工业大学	博士学位授权一级学科	2020
长三角	上海电力大学	硕士学位授权一级学科	2021
长三角	上海科技大学	博士学位授权一级学科	2021
长三角	南京林业大学	硕士学位授权一级学科	2021
珠三角	广州大学	硕士学位授权一级学科	2021

图 3-6　三大经济圈 CS 一级学科历年新增数量(2018—2021 年)

数据来源:教育部。浙江大学全球科创与产业发展研究中心和杭州青塔科技有限公司负责整理

从 2018—2021 年 AI 交叉学科历年新增数量来看,京津冀地区保持逐年增多趋势,长三角地区表现为先减少后增加趋势,珠三角地区新增量为 0。历年 AI 交叉学科新增详细情况如图 3-7 所示。

三大经济圈	学校名称	新增类型	年度
长三角	浙江大学	博士学位授权交叉学科	2018
京津冀	北京大学	博士学位授权交叉学科	2020
京津冀	北京理工大学	博士学位授权交叉学科	2021
京津冀	北京师范大学	博士学位授权交叉学科	2021
长三角	中国科学技术大学	博士学位授权交叉学科	2021

图 3-7 三大经济圈 AI 交叉学科历年新增数量(2018—2021 年)

数据来源:教育部。浙江大学全球科创与产业发展研究中心和杭州青塔科技有限公司负责整理

3.3 高校开设 AI 专业情况

3.3.1 中国开设 AI 专业高校数量历年情况

人工智能专业成为国内各大高校争相开设重点,2018—2022 年近五年 AI 专业新增审批通过量保持逐年增加趋势。人工智能专业的专业代码为 080717T,学习年限四年,授予学位为工学学士。根据教育部公布的 2018—2022 年度普通高等学校本科专业备案和审批结果(见图 3-8),中国成功备案 AI 专业的高校数量从第一批 2018 年的 35 所,到第二批 2019 年的 215 所,到第三批 2020 年的 345 所,到 2021 年的 440 所,再到 2022 年的 499 所高校,呈现快速增长趋势。这些开设人工智能专业的高校为我国培养 AI 研究型与应用型人才奠定了坚实基础。

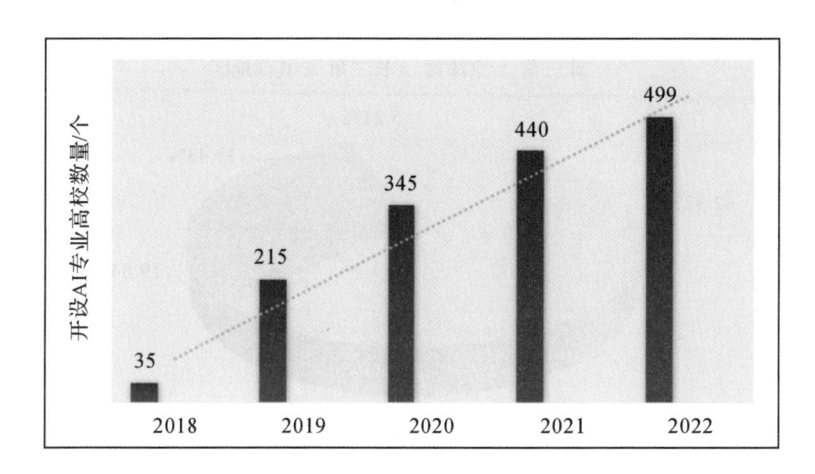

图 3-8　中国开设 AI 专业高校数量历年变化趋势(2018—2022 年)

数据来源:教育部。浙江大学全球科创与产业发展研究中心和杭州青塔科技有限公司负责整理

3.3.2　三大经济圈开设 AI 专业高校数量比较分析

三大经济圈中长三角地区开设 AI 专业的高校数量最多,其中江苏省贡献最大。从 2022 年单年数据来看(见图 3-9),长三角地区开设 AI 专业的高校数量最多,有 95 所,占全国的 19.04%,第二名为京津冀地区,有 67 所,占全国的 13.43%,第三名为珠三角地区,有 26 所,占全国的 5.21%。进一步分析长三角地区发现,其中江苏省最多,有 34 所,占长三角地区的 35.79%。

3.3.3　三大经济圈开设 AI 专业高校数量历年情况

三大经济圈均呈现逐年快速增加趋势,其中长三角地区增幅最大。2018—2022 这五年,长三角地区开设 AI 专业高校数量从 2018 年的 9 所增至 2022 年的 95 所;京津冀地区从 2018 年的 5 所增至 2022 年的 67 所;珠三角地区从 2018 年的 1 所增至 2022 年的 26 所。三大经济圈开设 AI 专业高校历年变化情况详见图 3-10。

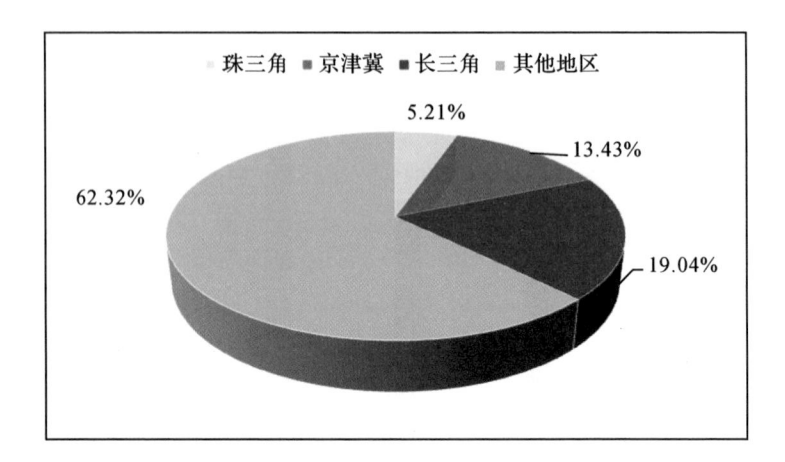

图 3-9　三大经济圈开设 AI 专业高校数量比较分析（2022 年）

数据来源：教育部。浙江大学全球科创与产业发展研究中心和杭州青塔科技有限公司负责整理

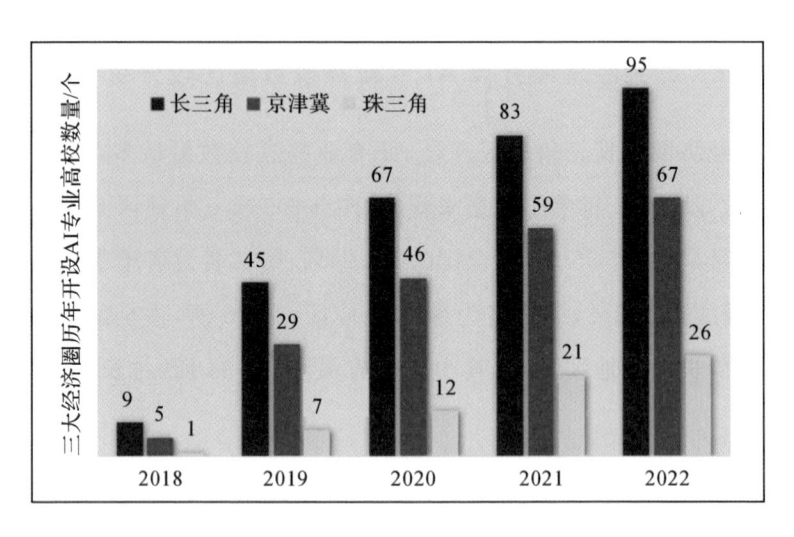

图 3-10　三大经济圈开设 AI 专业高校数量历年变化趋势（2018—2022 年）

数据来源：教育部。浙江大学全球科创与产业发展研究中心和杭州青塔科技有限公司负责整理

3.4 AI从业者教育背景与薪酬比较

3.4.1 中美AI从业者教育背景比较分析

全球AI从业者普遍拥有较高的学历水平,中国高学历优势最为突出。领英数据显示[①],在中美AI从业人才学历对比方面,虽然中国本科生学历人才占比为37.9%,低于美国的43.5%,但是中国在研究生及以上学历(硕士、博士、MBA)人才占比为62.1%,高于美国的56.5%,这意味着中国拥有更多的高学历及海外留学背景人才,由此可见,中国AI从业者在教育背景上与美国相比更加具有竞争力。中美AI从业者各层次教育背景详情见图3-11。

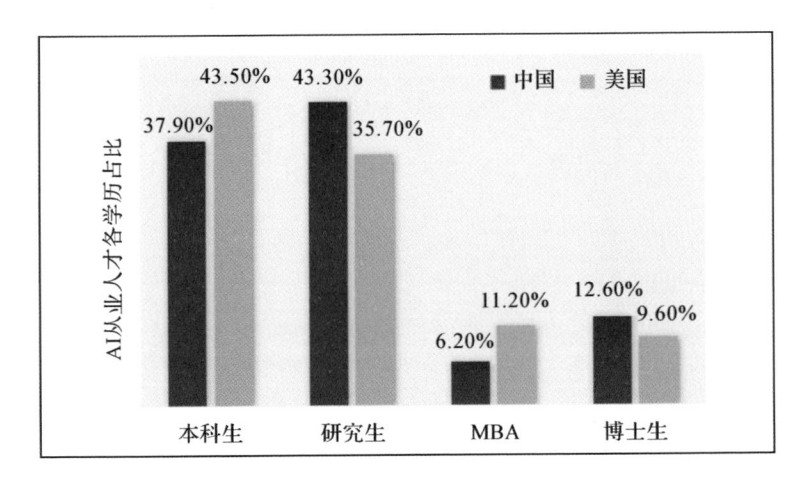

图3-11 中美AI从业者教育背景比较分析

数据来源:领英

---

① 领英LinkedIn. 全球AI领域人才报告[R/OL]. (2017-07)[2023-07-05]. https://business.linkedin.com/zh-cn/talent-solutions/s/sem-report-resources/ai-report.

3.4.2 中美 AI 从业者薪酬比较分析

中国 AI 从业者平均年薪约为美国的 1/3，人力成本优势明显。据全球求职平台 Adzuna 最新数据显示，目前美国企业给到的人工智能招聘平均薪酬为 14.6 万美元[1]，而当前中国 AI 人才平均薪酬约为 27.93 万元[2]，按 2023 年 11 月汇率计算，美国人工智能平均薪酬大约是中国平均薪酬的 3.74 倍，因此我国当前人工智能领域的人力成本优势明显。

---

[1] 站长之家.美国公司正在大举招聘人工智能职位：AI 岗位平均薪资 14.6 万美元[EB/OL].(2023-07-14)[2023-09-01]. https://www.donews.com/news/detail/8/3597213.html.

[2] 猎聘大数据研究院.2023 年人工智能行业人才浅析[R/OL].(2023-05-08)[2023-08-29]. https://mp.weixin.qq.com/s/cu8qLC3hJTR3QN5KcSdHBwQ.

第四章
人工智能科技维度

4.1 AI创新聚集度

4.2 AI创新研发机构

4.3 AI交流合作

4.1 AI创新聚集度

4.1.1 全球AI创新整体实力

本书用AI论文和专利数量多少表征AI创新整体实力。

(1)全球AI论文发表数量前十国家

中美两国占据世界六成AI论文发文量,呈现两超多强局面。从2013—2022年近十年全球AI论文发文总量来看(见图4-1),中美两国是当之无愧的论文高产国家,占据世界四成发文量(中国21.29%,美国15.54%);印、德、英等九个国家AI论文发文总量相差不大,属于第二梯队;沙特阿拉伯虽然已经跻身世界前十,但是和其他国家发文数量差距较大,属于第三梯队;其他国家属于第四梯队。

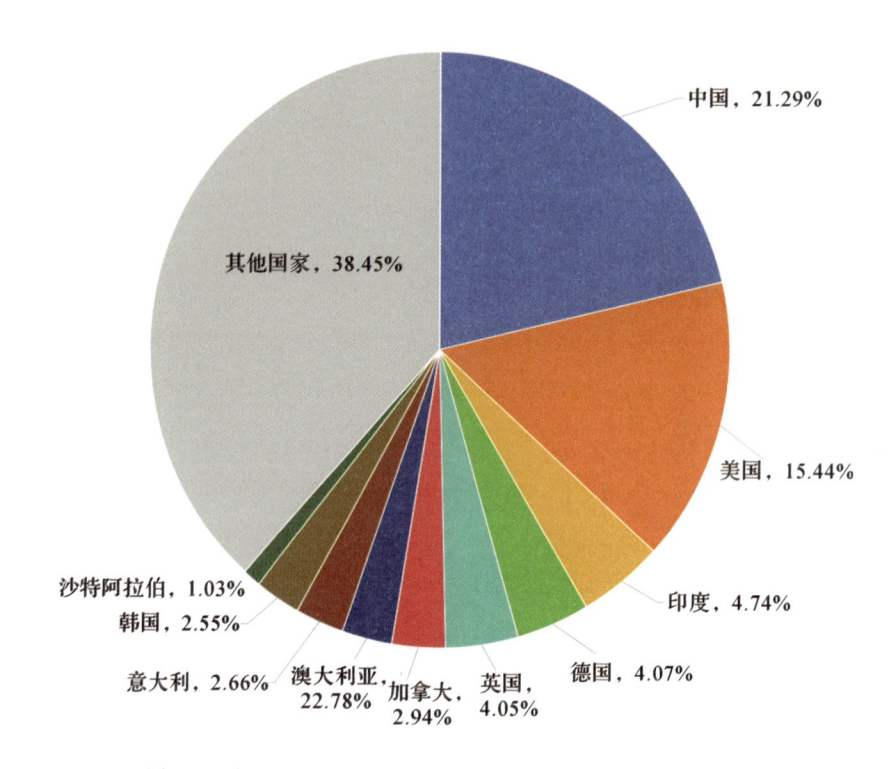

图 4-1　全球 AI 论文发表数量前十国家（2013—2022 年累计）

数据来源：Web of Science。数据整理与分析：浙江大学全球科创与产业发展研究中心和浙江大学图书馆

(2) 全球各国 AI 论文数量历年发表情况

五个主要国家近十年 AI 论文发文量中，只有中印两国保持正增长，其中中国自 2015 年以后发文量一直稳居世界第一。从 2013—2022 年近十年 5 个主要国家 AI 论文发文趋势看（见图 4-2），中国、印度两国在 AI 发文数量方面增幅显著并延续至今，其余国家发文数量表现为自 2013 年开始逐年增多，然后在 2022 年呈现不同程度的回落态势。此外，中国 AI 论文发文量自 2015 年赶超美国，并一直稳居世界首位。

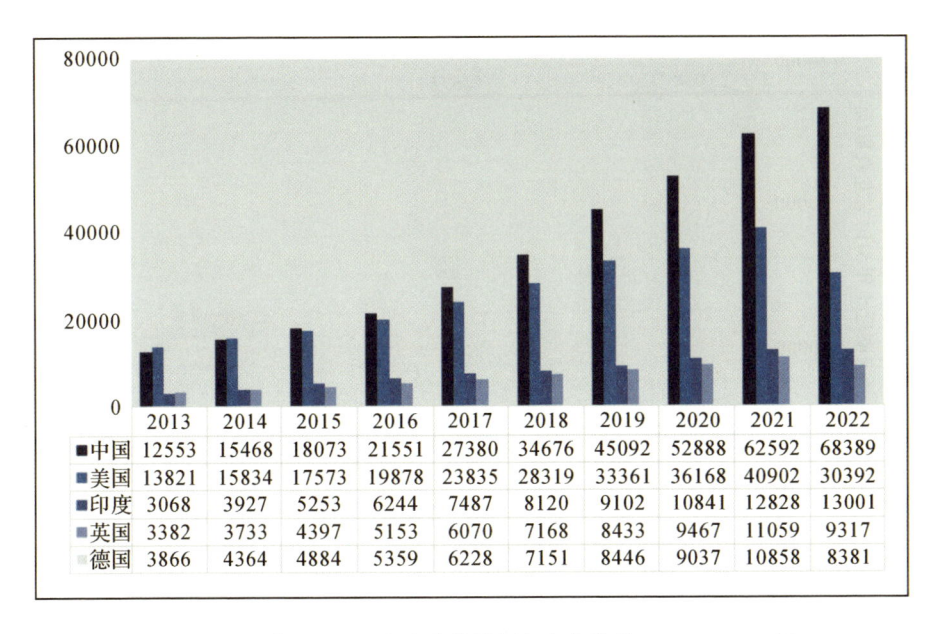

	2013	2014	2015	2016	2017	2018	2019	2020	2021	2022
中国	12553	15468	18073	21551	27380	34676	45092	52888	62592	68389
美国	13821	15834	17573	19878	23835	28319	33361	36168	40902	30392
印度	3068	3927	5253	6244	7487	8120	9102	10841	12828	13001
英国	3382	3733	4397	5153	6070	7168	8433	9467	11059	9317
德国	3866	4364	4884	5359	6228	7151	8446	9037	10858	8381

图 4-2　全球各国 AI 论文发表数量历年变化趋势(2013—2022 年)

数据来源:Web of Science。数据整理与分析:浙江大学全球科创与产业发展研究中心和浙江大学图书馆

(3)三大经济圈 AI 论文发表数量比较分析

三大经济圈占全国 AI 论文发文总量超七成,其中长三角排名第一。从 2013—2022 年近十年三大经济圈 AI 论文发文总量来看(见图 4-3),三大经济圈占全国发文总量超七成,其中长三角与京津冀发文总量相近,长三角以 107873 篇位居三大经济圈首位,占全国 30.8%;京津冀紧随其后,以 106754 篇位居第二,占全国的 29.76%;珠三角以 39673 件位居第三,占全国的 11.06%。此外,需要说明的是,由于同一篇论文中不同作者发文机构归属于不同经济圈,故存在重复计数,但是不影响整体分析。

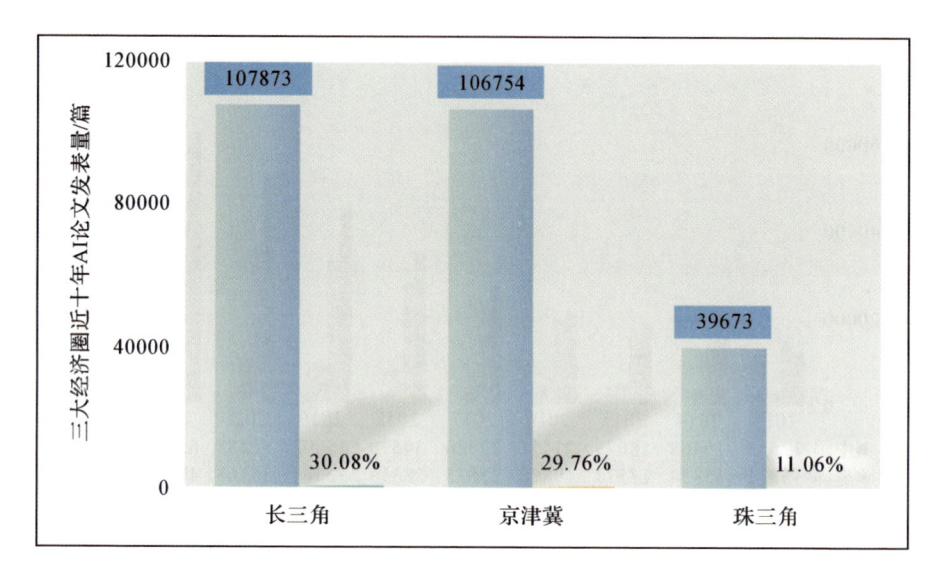

图 4-3 三大经济圈 AI 论文发表数量比较分析(2013—2022 年累计)

数据来源：Web of Science。数据整理与分析：浙江大学全球科创与产业发展研究中心和浙江大学图书馆

(4)三大经济圈 AI 论文数量历年发表情况

三大经济圈近十年 AI 论文发文量均呈现显著增长态势，长三角地区自 2020 年以后稳居三大经济圈之首。从 2013—2022 年近十年三大经济圈 AI 论文发文趋势来看(见图 4-4)，每个经济圈的 AI 发文量均呈现显著增长态势。其中，京津冀与长三角地区每年发文量相近，2013—2019 年，京津冀和长三地区分别位居第一和第二，2020 年以后长三角地区后来者居上，超过京津冀地区并稳居三大经济圈之首。

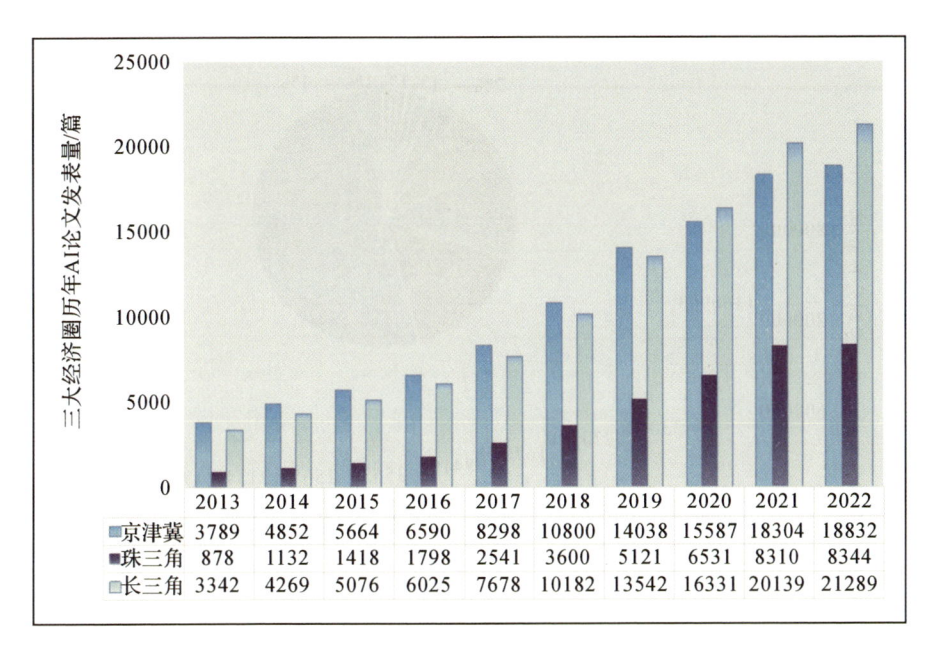

图 4-4　三大经济圈 AI 论文发表数量历年变化趋势(2013—2022 年)

数据来源:Web of Science。数据整理与分析:浙江大学全球科创与产业发展研究中心和浙江大学图书馆

(5)全球 AI 专利公开数量前十国家

中国占据世界一半 AI 专利,前十国家共占据世界九成 AI 专利。从 2013—2022 年近十年全球 AI 专利公开量来看(见图 4-5,以专利原始申请人区域所在国和专利公开年份为准,每件申请显示一个公开文本),中国以 1160903 件专利公开量位居世界第一,占世界的 50.65%,远超其他国家,属于第一梯队;美日韩德的 AI 专利公开量均超过 5 万件,四国之和占世界的 37.30%,属于第二梯队;前十其他国家如法国、印度、英国、荷兰、瑞士的 AI 专利公开量均超过 1 万件,属于第三梯队;其他国家属于第四梯队。

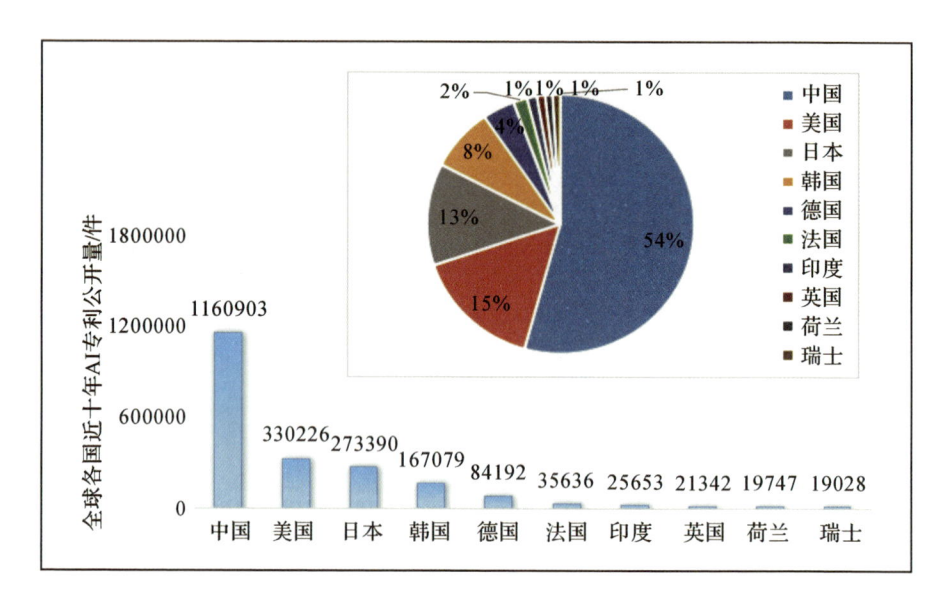

图 4-5　全球 AI 专利公开数量前十国家

（2013—2022 年累计）

数据来源：智慧芽。数据整理与分析：浙江大学全球科创与产业发展研究中心

（6）全球各国 AI 专利数量历年公开情况

前五国近十年 AI 专利公开量均保持正增长，其中中国增幅最大。从 2013—2022 年近十年前五国的 AI 专利公开趋势来看（见图 4-6），所有国家均保持正增长，其中中国增幅最大并一直保持世界第一，美国 AI 专利公开量自 2017 年超过日本之后一直稳居世界第二。

（7）三大经济圈 AI 专利公开数量比较分析

三大经济圈占全国 AI 专利公开量六成，其中长三角排名第一。从 2013—2022 年近十年三大经济圈 AI 专利公开量来看（见图 4-7），三大经济圈占全国发文总量的六成。其中长三角地区以 295918 件公开专利位居三大经济圈之首，占全国 25.49%；京津冀地区以 205449 件公开专利排名第二，占全国的 17.70%；珠三角地区以 195205 件公开专利排名第三，占全国的 16.81%。此外，需要说明的是，由于同一件专利中不同作者发文机构归属于不同经济圈,故存在重复计数,但是不影响整体分析。

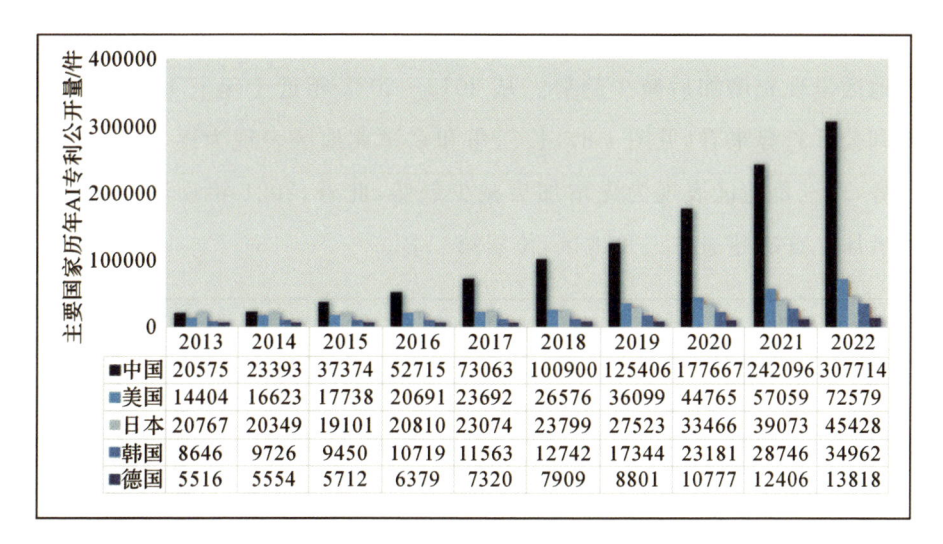

主要国家历年AI专利公开量/件	2013	2014	2015	2016	2017	2018	2019	2020	2021	2022
中国	20575	23393	37374	52715	73063	100900	125406	177667	242096	307714
美国	14404	16623	17738	20691	23692	26576	36099	44765	57059	72579
日本	20767	20349	19101	20810	23074	23799	27523	33466	39073	45428
韩国	8646	9726	9450	10719	11563	12742	17344	23181	28746	34962
德国	5516	5554	5712	6379	7320	7909	8801	10777	12406	13818

图 4-6　全球各国 AI 专利公开数量历年变化趋势(2013—2022 年)

数据来源:智慧芽。数据整理与分析:浙江大学全球科创与产业发展研究中心

三大经济圈近十年AI专利公开量/件	长三角	京津冀	珠三角
	295918	205449	195205
	25.19%	17.10%	16.81%

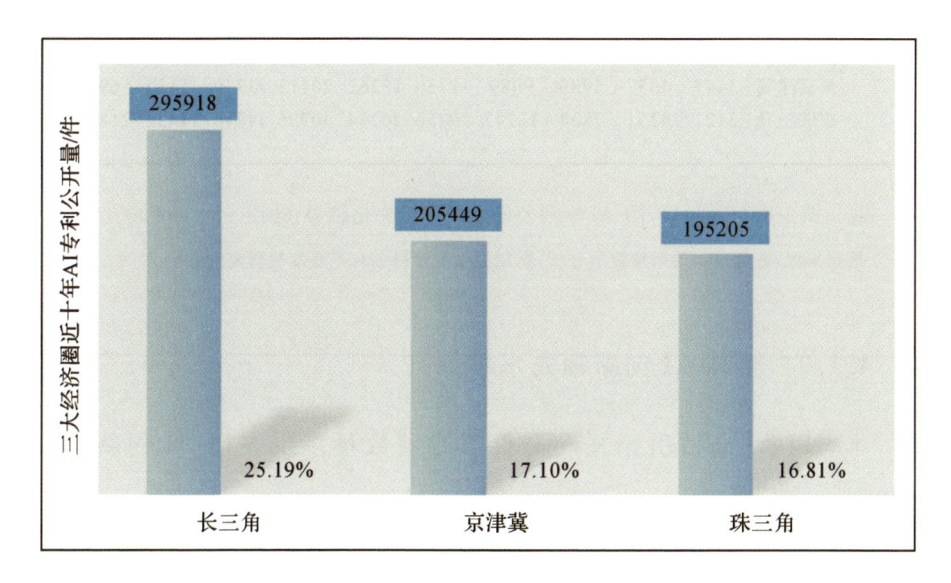

图 4-7　三大经济圈 AI 专利公开数量比较分析(2013—2022 年累计)

数据来源:智慧芽。数据整理与分析:浙江大学全球科创与产业发展研究中心

(8) 三大经济圈 AI 专利数量历年公开情况

长三角和京津冀地区近十年 AI 专利公开量呈现快速增长趋势,珠三角地区呈现先增加后减少趋势。从 2013—2022 年近十年三大经济圈 AI 专利公开趋势来看(见图 4-8),长三角和京津冀地区表现为逐年快速增长趋势,珠三角地区表现为先增加后减少趋势,此外,2021 年京津冀地区后来者居上首次超过珠三角地区,位居第二名。

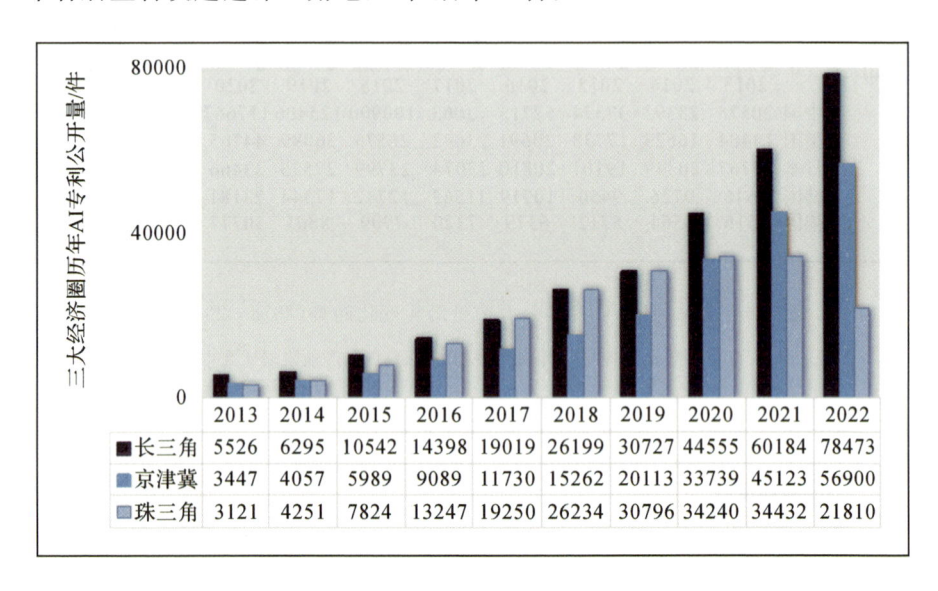

	2013	2014	2015	2016	2017	2018	2019	2020	2021	2022
长三角	5526	6295	10542	14398	19019	26199	30727	44555	60184	78473
京津冀	3447	4057	5989	9089	11730	15262	20113	33739	45123	56900
珠三角	3121	4251	7824	13247	19250	26234	30796	34240	34432	21810

图 4-8　三大经济圈 AI 专利公开数量历年变化趋势(2013—2022 年)

数据来源:智慧芽。数据整理与分析:浙江大学全球科创与产业发展研究中心

4.1.2　全球 AI 创新领先水平

本书用 AI 高被引论文和高价值专利数量多少表征 AI 创新领先水平。

(1) 全球各国 AI 论文和高被引论文发表数量比较分析

从论文和高被引论文发表数量综合对比来看(见表 4-1),中美两国优势突出。无论是论文总量还是高被引论文数量方面都远超其他国家,中国两国分别排名第一和第二。值得注意的是,中国高被引论文占比(19.89%)小于论文占比(21.29%),而美国高被引论文占比(15.92%)超过论文占比(15.44%),一定程度上说明中国AI论文的数量已经足够多,但是论文的国际影响力仍有待提升。

进一步分析前十其他国家,高被引论文名次与论文名次相比,高被引论文名次有往上提升的国家分别是英国(5→3)、澳大利亚(7→5)、意大利(8→7)和伊朗(10名以外→9),说明这四个国家在AI基础研究方面近年来受到更多的国际认可。

表4-1 全球各国AI论文和高被引论文发表数量比较分析(2013—2022年累计)

排名	国家	近十年AI论文发表量(篇)	占全球比重	国家	近十年AI高被引论文发表量(篇)	占全球比重
1	中国	358662	21.29%	中国	6303	19.89%
2	美国	260083	15.44%	美国	5045	15.92%
3	印度	79871	4.74%	英国 ⬆	1885	5.95%
4	德国	68574	4.07%	德国	1412	4.46%
5	英国	68179	4.05%	澳大利亚 ⬆	1346	4.25%
6	加拿大	49607	2.94%	加拿大	1104	3.48%
7	澳大利亚	46789	2.78%	意大利 ⬆	747	2.36%
8	意大利	44851	2.66%	印度	707	2.23%
9	韩国	42958	2.55%	伊朗 ⬆	565	1.78%
10	沙特阿拉伯	17381	1.03%	沙特阿拉伯	432	1.36%

数据来源:Web of Science。数据整理与分析:浙江大学全球科创与产业发展研究中心和浙江大学图书馆

(2)全球各国AI高被引论文数量历年发表情况

从近十年AI高被引论文发文趋势看(见图4-9),只有中国呈现连续上升态势,增速明显。中国在2019年赶超美国成为AI高被引论文历年发文最多的国家,在AI基础研究领域的国际影响力日渐扩大;对比来看,美国

自 2019 年以后，AI 高被引论文呈现缓慢下降趋势；其他国家如英国、德国和澳大利亚，无论从高被引论文数量和增幅来看都远小于中国和美国。

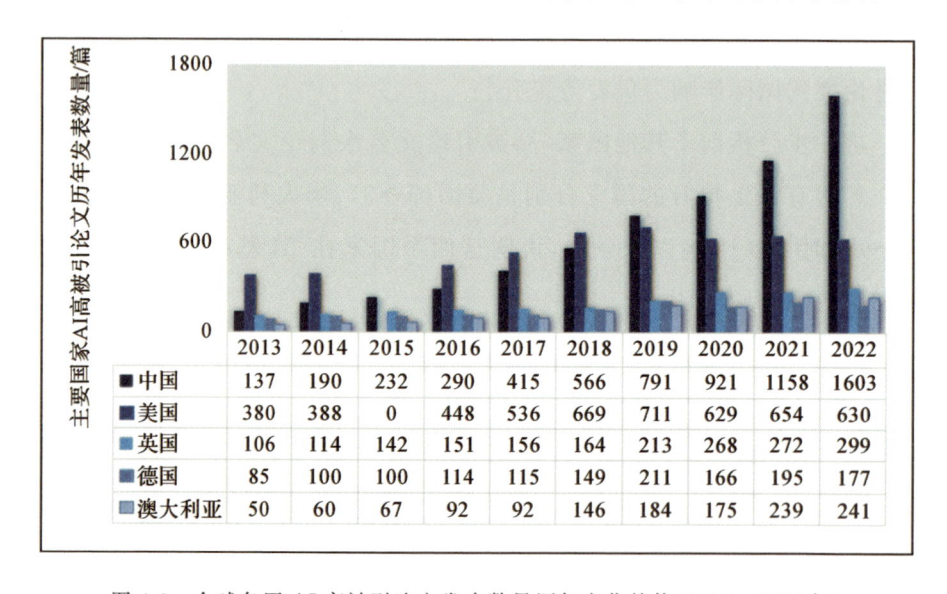

主要国家AI高被引论文历年发表数量/篇	2013	2014	2015	2016	2017	2018	2019	2020	2021	2022
中国	137	190	232	290	415	566	791	921	1158	1603
美国	380	388	0	448	536	669	711	629	654	630
英国	106	114	142	151	156	164	213	268	272	299
德国	85	100	100	114	115	149	211	166	195	177
澳大利亚	50	60	67	92	92	146	184	175	239	241

图 4-9　全球各国 AI 高被引论文发表数量历年变化趋势（2013—2022 年）

数据来源：Web of Science。数据整理与分析：全球科创与产业发展研究中心和浙江大学图书馆

（3）三大经济圈 AI 论文和高被引论文发表数量比较分析

从 AI 论文和高被引论文近十年发表数量来看（见表 4-2），长三角地区优势突出。从 2013—2022 年十年累计 AI 论文发表量来看，无论是 AI 论文发文量还是高被引 AI 论文发文量，长三角地区均位居三大经济圈之首，分别占全国 AI 论文和高被引论文总发文量的 30.08% 和 33.29%；京津冀地区排名第二，分别占全国 AI 论文和高被引论文总发文量的 29.76% 和 31.54%；珠三角地区排名第三，分别占全国 AI 论文和高被引论文总发文量的 11.06% 和 14.07%。

此外，进一步横向比较三大经济圈 AI 论文占全国 AI 论文比重，以及三大经济圈高被引 AI 论文占全国高被引 AI 论文比重发现，后者占比较大,说明三大经济圈不仅 AI 论文数量优势明显,质量优势也十分突出,受国际认可。

表 4-2　三大经济圈 AI 论文和高被引论文发表数量比较分析(2013—2022 年累计)

三大经济圈	近十年 AI 论文数量(篇)	占全国比重	三大经济圈	近十年 AI 高被引论文数量(篇)	占全国比重
长三角	107873	30.08%	长三角	2098	33.29%
京津冀	106754	29.76%	京津冀	1988	31.54%
珠三角	39673	11.06%	珠三角	887	14.07%

数据来源:Web of Science。数据整理与分析:全球科创与产业发展研究中心和浙江大学图书馆

(4)三大经济圈高被引论文数量历年发表情况

三大经济圈近十年高被引 AI 论文发表数量均呈增长趋势(见图 4-10)。其中京津冀、长三角地区高被引 AI 论文在 2017 年双双突破百篇。2022年,长三角、京津冀、珠三角地区高被引 AI 论文数量分别达到 520 篇、483篇和 49 篇,中国三大经济圈在 AI 基础研究的顶尖实力不容小觑。

图 4.10　三大经济圈 AI 高被引论文发表数量历年变化趋势(2013—2022 年)

数据来源:Web of Science。数据整理与分析:全球科创与产业发展研究中心和浙江大学图书馆

(5) 全球各国 AI 专利和高价值专利公开数量比较分析

从近十年 AI 专利和高被引专利公开数量总量综合来看(见表 4-3),中美日韩德稳居世界前五。AI 专利公开总量来看,排名前五的国家分别为中、美、日、韩、德,从高价值 AI 专利公开总量来看,排名前五的国家分别为美、日、韩、德、中,说明中国为 AI 专利大国但是并非 AI 专利强国,专利质量亟待提升。进一步分析前十其他国家,AI 高价值专利名次与 AI 专利名次相比,高价值专利名次有往上提升的国家分别是美国(2→1)、日本(3→2)、韩国(4→3)、德国(5→4)、瑞士(10→7)、荷兰(9→8)和瑞典(10 名以外→10),说明这 7 个国家的人工智能专利价值较高。

表 4-3 各国 AI 专利和高价值专利公开数量比较分析(2013—2022 年累计)

排名	国家	近十年 AI 专利公开量(件)	占全球比重	国家	近十年 AI 高价值专利公开量(件)	占全球比重
1	中国	1160903	50.65%	美国	55167	29.04%
2	美国	330226	14.41%	日本	49700	26.16%
3	日本	273390	11.93%	韩国	15892	8.37%
4	韩国	167079	7.29%	德国	13173	6.93%
5	德国	84192	3.67%	中国	11861	6.24%
6	法国	35636	1.55%	法国	6231	3.28%
7	印度	25653	1.12%	瑞士	4511	2.37%
8	英国	21342	0.93%	荷兰	3926	2.07%
9	荷兰	19747	0.86%	英国	3603	1.90%
10	瑞士	19028	0.83%	瑞典	2177	1.15%

数据来源:智慧芽。数据整理与分析:全球科创与产业发展研究中心

(6) 全球各国 AI 高价值专利数量历年公开情况

从近十年历年 AI 高价值专利公开趋势看(见图 4-11),美日增速最快。在 AI 高价值专利公开数量方面,美国增速最快,并于 2018 年超过日本成为世界第一,日本虽然增速略低于美国,但是仍处于世界第二位置,中国虽

然近十年 AI 高价值专利累计公开量排名世界第五,但是单年的高价值专利公开量已经于 2019 年首次超过德国,于 2020 年首次超过韩国排名世界第三,但是也需清醒地意识到,中国的 AI 高价值专利的增长速度与美日相比差距仍然较大。2020—2022 年部分专利尚未公开,导致近三年曲线下降,但并不影响整体分析结果。

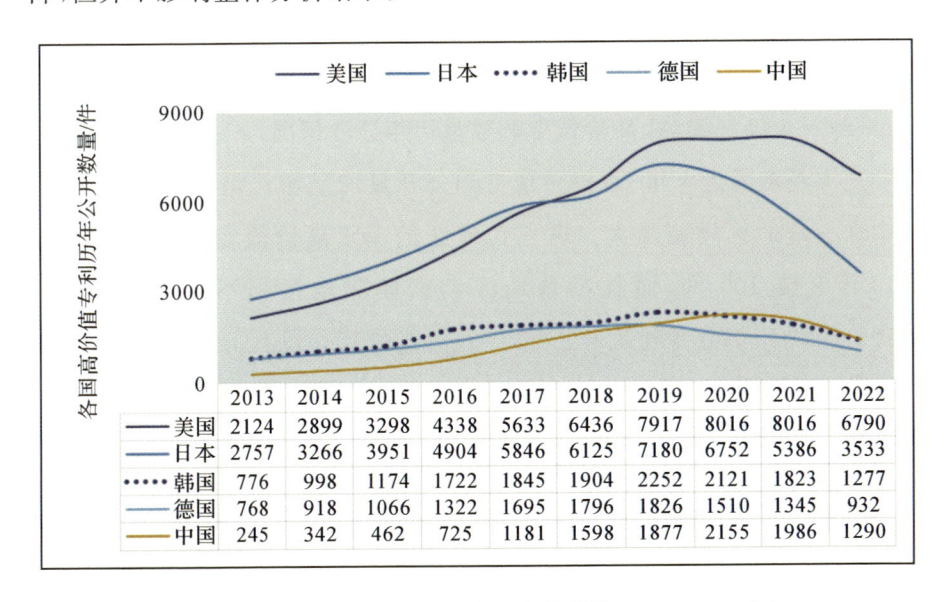

年份	2013	2014	2015	2016	2017	2018	2019	2020	2021	2022
美国	2124	2899	3298	4338	5633	6436	7917	8016	8016	6790
日本	2757	3266	3951	4904	5846	6125	7180	6752	5386	3533
韩国	776	998	1174	1722	1845	1904	2252	2121	1823	1277
德国	768	918	1066	1322	1695	1796	1826	1510	1345	932
中国	245	342	462	725	1181	1598	1877	2155	1986	1290

图 4-11　各国 AI 高价值专利数量变化趋势(2013—2022 年)

数据来源:智慧芽。数据整理与分析:全球科创与产业发展研究中心

(7)三大经济圈 AI 专利和高价值专利公开数量比较分析

从专利和高价值专利数量综合对比来看,珠三角地区在高价值专利拥有量方面优势突出。从 2013—2022 年十年累计 AI 专利公开数量来看(见表 4-4),三大经济圈排名依次为长三角、京津冀和珠三角地区,分别占全国的 25.49%、17.70% 和 16.81%;从 2013—2022 年十年累计 AI 高价值专利公开数量来看,三大经济圈排名发生变化,排名依次为珠三角、长三角和京津冀地区,珠三角地区排名从第三名跃迁至第一名,由此说明,珠三角地区在高价值专利拥有数量方面更具优势。

表4-4 三大经济圈AI专利和高价值专利公开数量比较分析(2013—2022年累计)

三大经济圈	近十年AI专利数量(件)	占全国比重	三大经济圈	近十年AI高被引专利数量(件)	占全国比重
长三角	295918	25.49%	珠三角	756	6.37%
京津冀	205449	17.70%	长三角	515	4.34%
珠三角	195205	16.81%	京津冀	501	4.22%

数据来源：智慧芽。数据整理与分析：全球科创与产业发展研究中心

(8)三大经济圈AI高价值专利数量历年公开情况

三大经济圈近十年AI高价值专利公开量均呈增长趋势(见图4-12)，其中珠三角地区增幅最大。珠三角地区的单年高价值专利公开数量于2019年突破100件，而长三角地区和京津冀地区仍不足100件/年。2020—2022年部分专利尚未公开，导致曲线最新一段有下降态势，但是不影响整体分析结果。

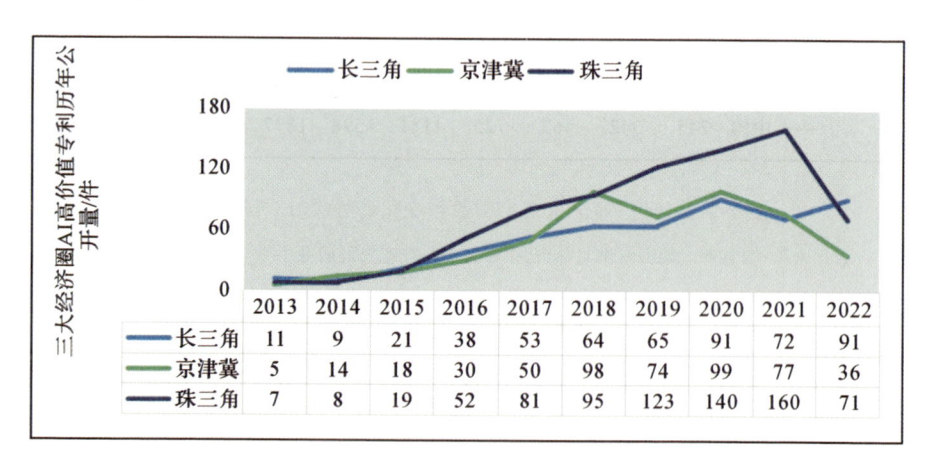

	2013	2014	2015	2016	2017	2018	2019	2020	2021	2022
长三角	11	9	21	38	53	64	65	91	72	91
京津冀	5	14	18	30	50	98	74	99	77	36
珠三角	7	8	19	52	81	95	123	140	160	71

图4-12 三大经济圈AI高价值专利公开数量历年变化趋势(2013—2022年)

数据来源：智慧芽。数据整理与分析：全球科创与产业发展研究中心

4.2 AI 创新研发机构

4.2.1 AI 基础研发机构

(1) 全球 AI 基础研发机构前十强(高被引论文发文量排名)

中美两国的基础研发机构在 AI 领域展现了强大影响力,中国科学院以 697 篇高被引发文数位居世界第一。由于高被引论文更能够反映论文的影响力,本书统计了截至 2022 年十年内全球人工智能领域高被引发文数前十的创新机构的分布情况,其中中国占 5 家,美国占 4 家,英国占 1 家,详情见表 4-5。

按机构性质划分,前十个创新主体主要由高校组成,近十年共计发表了 3171 篇人工智能领域的高被引论文,在人工智能领域的影响力与贡献最为显著。其中,中国科学院以 697 篇高被引发文数位居世界第一。进一步分析高被引论文的 WOS 类别分布,可以发现 AI 高影响力论文主要出现在自动化与控制系统、计算机科学和人工智能、电子与电气工程等领域。

表 4-5 全球 AI 基础研发机构前十强(2013—2022 年累计)

排名	机构	国家	高被引发文数	被引次数最高论文标题	所属期刊	被引次数
1	中国科学院	中国	697	Squeeze-and-Excitation Networks	IEEE TRANSACTIONS ON PATTERN ANALYSIS AND MACHINE INTELLIGENCE	10979

续表

排名	机构	国家	高被引发文数	被引次数最高论文标题	所属期刊	被引次数
2	斯坦福大学	美国	376	ImageNet Large Scale Visual Recognition Challenge	INTERNATIONAL JOURNAL OF COMPUTER VISION	18669
3	麻省理工学院	美国	289	ImageNet Large Scale Visual Recognition Challenge	INTERNATIONAL JOURNAL OF COMPUTER VISION	18669
4	清华大学	中国	283	A survey of best practices for RNA-seq data analysis	GENOME BIOLOGY	1307
5	武汉大学	中国	277	Deep Learning in Remote Sensing	IEEE GEOSCIENCE AND REMOTE SENSING MAGAZINE	1575
6	中国科学院大学	中国	265	Squeeze-and-Excitation Networks	IEEE TRANSACTIONS ON PATTERN ANALYSIS AND MACHINE INTELLIGENCE	10979
7	牛津大学	英国	264	Squeeze-and-Excitation Networks	IEEE TRANSACTIONS ON PATTERN ANALYSIS AND MACHINE INTELLIGENCE	10979
8	电子科技大学	中国	247	Applications of Deep Reinforcement Learning in Communications and Networking: A Survey	IEEE COMMUNICATIONS SURVEYS AND TUTORIALS	739

续表

排名	机构	国家	高被引发文数	被引次数最高论文标题	所属期刊	被引次数
9	加利福尼亚大学伯克利分校	美国	241	Development and Validation of a Deep Learning Algorithm for Detection of Diabetic Retinopathy in Retinal Fundus Photographs	*JAMA-JOURNAL OF THE AMERICAN MEDICAL ASSOCIATION*	3239
10	哈佛大学	美国	232	limma powers differential expression analyses for RNA-sequencing and microarray studies	*NUCLEIC ACIDS RESEARCH*	16886

数据来源：Web of Science。数据整理与分析：全球科创与产业发展研究中心和浙江大学图书馆

(2)中国AI高校/科研机构前十强(高被引论文发文量排名)

中国长三角地区的基础研发机构在AI领域整体实力最强，北京市单独实力最强。本书统计了截至2022年十年内高被引AI论文发文数前十所中国高校和科研所(见表4-6)。从排名来看，中国科学院、清华大学、武汉大学分别位列全国前三，高被引发文数依次是697、283和277件；浙江大学位居全国第七，高被引发文数为197件。前十名中，单篇论文被引次数最高的是中国科学院和中国科学院大学合著的论文Squeeze-and-Excitation Networks，至今被引10979次。

从省市分布来看，前十名高校/科研院所中，北京市最多，共有3所高校上榜，分别是中国科学院(No.1)、清华大学(No.2)和中国科学院大学(No.4)；其次为湖北省[武汉大学(No.3)、华中科技大学(No.6)]和陕西省[西北工业大学(No.8)、西安交通大学(No.9)]，均有2所高校上榜；此外，四川省[电子科技大学(No.5)]、浙江省[浙江大学(No.7)]和黑龙江省[哈尔滨工业大学](No.10)均有1所高校上榜。

从三大经济圈排名来看，京津冀地区整体实力最强，前十名高校中占比达 30%，长三角占 10%，珠三角占 0%，其他地区总共占 60%，三大经济圈整体实力有待提高。

表 4-6　中国 AI 高校/科研院所前十强（2013—2022 年累计）

排名	高校/科研院所	省份	AI 高被引发文数	论文标题	所属期刊	被引次数
1	中国科学院	北京	697	Squeeze-and-Excitation Networks	IEEE TRANSACTIONS ON PATTERN ANALYSIS AND MACHINE INTELLIGENCE	10979
2	清华大学	北京	283	A survey of best practices for RNA-seq data analysis	GENOME BIOLOGY	1307
3	武汉大学	湖北	277	Deep Learning in Remote Sensing	IEEE GEOSCIENCE AND REMOTE SENSING MAGAZINE	1575
4	中国科学院大学	北京	265	Squeeze-and-Excitation Networks	IEEE TRANSACTIONS ON PATTERN ANALYSIS AND MACHINE INTELLIGENCE	10979
5	电子科技大学	四川	247	Applications of Deep Reinforcement Learning in Communications and Networking: A Survey	IEEE COMMUNICATIONS SURVEYS AND TUTORIALS	739
6	华中科技大学	湖北	202	An End-to-End Trainable Neural Network for Image-Based Sequence Recognition and Its Application to Scene Text Recognition	IEEE TRANSACTIONS ON PATTERN ANALYSIS AND MACHINE INTELLIGENCE	1093

续表

排名	高校/科研院所	省份	AI高被引发文数	论文标题	所属期刊	被引次数
7	浙江大学	浙江	197	T-GCN: A Temporal Graph Convolutional Network for Traffic Prediction	*IEEE TRANSACTIONS ON INTELLIGENT TRANSPORTATION SYSTEMS*	786
8	西北工业大学	陕西	186	Remote Sensing Image Scene Classification: Benchmark and State of the Art	*PROCEEDINGS OF THE IEEE*	1241
9	西安交通大学	陕西	186	Beyond a Gaussian Denoiser: Residual Learning of Deep CNN for Image Denoising	*IEEE TRANSACTIONS ON IMAGE PROCESSING*	3590
10	哈尔滨工业大学	黑龙江	173	Beyond a Gaussian Denoiser: Residual Learning of Deep CNN for Image Denoising	*IEEE TRANSACTIONS ON IMAGE PROCESSING*	3590

数据来源：Web of Science。数据整理与分析：浙江大学全球科创与产业发展研究中心和浙江大学图书馆

4.2.2 AI应用研发机构

（1）全球AI应用研发机构前十强（高价值专利公开量排名）

美国在AI应用研发方面展现了强大实力，美国谷歌有限责任公司以3029件AI高价值专利数量位居世界首位。由于高价值专利更能够反映机构的高水平研发能力，表4-7统计了截至2022年，十年内全球人工智能领域高价值专利前十的应用型研发机构。按机构注册地统计，排名依次为美国（4家上榜）、中国（3家上榜）、日本（2家上榜）以及韩国（1家上榜）。

美国单独实力非常强,有 4 家高校上榜,亚洲有三个国家上榜,整体实力较强。

按机构性质划分,前十家应用研发机构均由企业构成,十家企业在十年内累计公开 11586 件人工智能领域的高价值专利。其中,美国谷歌有限责任公司以 3029 件高价值专利公开量位居世界第一,单件专利最高被引用次数达 231 次。中国与美国相比,前十研发机构中,中国除了高价值专利公开数量有待增加以外,单件专利最高被引用次数仅为 29,和美、日、韩等国家相差较大,证明我国 AI 专利对世界的影响力有待提升。

表 4-7 全球 AI 应用研发机构前十强(2013—2022 年累计)

排名	当前(申请)专利权人	国家	近十年 AI 高价值专利公开量	被引次数最高专利公开号	被引次数最高专利标题(中文)	单件最高被引用次数
1	谷歌有限责任公司	美国	3029	US8510255B2	Occupancy pattern detection, estimation and prediction	231
2	三星电子株式会社	韩国	1994	US8706394B2	自动驾驶车辆的控制和系统	233
3	微软技术许可有限责任公司	美国	1381	US9330659B2	促进口语自然语言界面的开发	160
4	苹果公司	美国	912	US9318108B2	智能自动化助理	496
5	索尼公司	日本	815	US20160283772A1	具有基于显示器的指纹读取器的电子设备	52
6	NNT 都科摩股份有限公司	日本	789	US9031130B2	图像预测/编码装置、图像预测/编码方法、图像预测/编码程序、图像预测/解码装置、图像预测/解码方法和图像预测解码程序	20

续表

排名	当前(申请)专利权人	国家	近十年AI高价值专利公开量	被引次数最高专利公开号	被引次数最高专利标题(中文)	单件最高被引用次数
7	小米科技有限责任公司	中国	731	US10157326B2	字符区域识别方法及装置	27
8	高通股份有限公司	美国	686	US8625902B2	使用增量特征提取的对象识别	54
9	华为技术有限公司	中国	647	US20170374379A1	图片预测方法及相关装置	29
10	丰田自动车株式会社	中国	602	US8849558B2	碰撞位置预测装置	168

数据来源:智慧芽。数据整理与分析:浙江大学全球科创与产业发展研究中心

(2)中国AI企业前十强(高价值专利公开量排名)

中国珠三角地区的企业在AI应用研究方面实力最强,广东省单独实力最强。表4-8统计了截至2022年,十年内AI高价值专利公开数排名前十的中国企业(企业注册地在中国)。从排名来看,小米、华为、大疆分别位列全国前三,高价值专利公开数量依次是731、641和573件;从省市分布来看,前十名企业中,广东省最多,有5家企业,北京市和上海市排第二和第三,分别有4家和1家企业上榜;从三大经济圈排名来看,珠三角地区整体实力最强,前十名企业中占比达50%,京津冀紧随其后占40%,长三角占10%,前十企业全部隶属于三大经济圈,三大经济圈在应用研发方面优势突出。

表 4-8 中国 AI 企业前十强(2013—2022 年累计)

序号	当前(申请)专利权人	省份	近十年 AI 高价值专利公开量	被引次数最高专利公开号	被引次数最高专利标题(中文)	单篇被引用次数
1	小米科技有限责任公司	北京	731	US10157326B2	字符区域识别方法及装置	27
2	华为技术有限公司	广东	641	US20170374379A1	图片预测方法及相关装置	29
3	深圳市大疆创新科技有限公司	广东	573	US9056676B1	无人机对接系统和方法	507
4	腾讯科技(深圳)有限公司	广东	403	CN108985135A	一种人脸检测器训练方法、装置及电子设备	25
5	OPPO 广东移动通信有限公司	广东	255	US10061970B2	开锁控制方法及移动终端	3
6	深圳市汇顶科技股份有限公司	广东	217	CN208027382U	屏下生物特征识别装置和电子设备	21
7	中科寒武纪科技股份有限公司	北京	170	CN107330515A	一种用于执行人工神经网络正向运算的装置和方法	92
8	北京小米移动软件有限公司	北京	159	CN108921134A	指纹采集方法、装置、电子设备和存储介质	6

续表

序号	当前(申请)专利权人	省份	近十年AI高价值专利公开量	被引次数最高专利公开号	被引次数最高专利标题(中文)	单篇被引用次数
9	百度在线网络技术(北京)有限公司	北京	141	CN107564517A	语音唤醒方法、设备及系统、云端服务器与可读介质	26
10	上海寒武纪信息科技有限公司	上海	137	US20200160220A1	计算设备和方法	18

数据来源:智慧芽。数据整理与分析:浙江大学全球科创与产业发展研究中心

(3)中国AI上市企业前十强(市值排名)

针对我国境内已上市公司涉足AI业务的企业,中国珠三角地区企业市值最高,深圳市单独市值最高。表4-9统计了截至2023年7月31日的中国AI上市企业最新市值排名。从整体排名来看,市值前三的上市企业分别是中国电信、海康威视和迈瑞医疗,总市值分别是4832亿元、3475亿元和3429亿元,流通市值分别是1034亿元、3392亿元和3429亿元;从省市分布来看,前10名上市企业中,广东省最多,有5家企业上榜,北京市排名第二,有2家企业上榜,上海、江苏、浙江各有1家企业上榜;从区域分布来看,珠三角地区有5家上榜,占比达50%,其次为长三角地区,有3家上榜,占比达30%,再次为京津冀地区,有2家上榜,占比达20%。

表 4-9 中国 AI 上市企业前十强（截至 2023 年）

排名	企业名称	省份	成立时间	上市时间	总市值（人民币）	流通市值（人民币）
1	中国电信股份有限公司	北京	2002-09-10	2021-08-20	4832 亿元	1034 亿元
2	富士康工业互联网股份有限公司	广东	2015-03-06	2018-06-08	3200 亿元	3195 亿元
3	美的集团股份有限公司	广东	2000-04-07	2013-09-18	3059 亿元	3518 亿元
4	深圳迈瑞生物医疗电子股份有限公司	广东	1999-01-25	2018-10-16	3429 亿元	3429 亿元
5	杭州海康威视数字技术股份有限公司	浙江	2001-11-30	2010-05-28	3475 亿元	3392 亿元
6	东方财富信息股份有限公司	上海	2005-01-20	2010-03-19	2448 亿元	2374 亿元
7	珠海格力电器股份有限公司	广东	1989-12-13	1996-11-18	1834 亿元	1818 亿元
8	国电南瑞科技股份有限公司	江苏	2001-02-28	2003-10-16	1793 亿元	1779 亿元
9	北京金山办公软件股份有限公司	北京	2011-12-20	2019-11-18	1576 亿元	1576 亿元
10	深圳市汇川技术股份有限公司	广东	2003-04-10	2010-09-28	1649 亿元	1435 亿元

数据来源：Wind。数据整理与分析：浙江大学全球科创与产业发展研究中心

（4）中国 AI 企业前十强（融资总额排名）

公开信息显示，针对我国已涉足 AI 业务的企业，京津冀地区总融资金额最高，深圳市单独融资金额最高。表 4-10 统计了 2023 年 7 月以前，有开展 AI 业务的中国企业总融资金额排名。从整体排名来看，总融资金额排名前三的企业分别是中国农业银行、阿里巴巴和赛灵思电子科技，在 AI

领域的总融资金额分别是 24649411 元、24344820.5 元和 22750000 元；从省市分布来看，前十名企业中，北京市最多，有 5 家企业上榜，上海市第二，有 3 家企业上榜，浙江省第三，有 2 家企业上榜；从区域分布看，主要分布在京津冀和长三角经济圈，上榜企业平分秋色，各自占 50%。（特别声明：不排除因信息公开来源尚未公开、公开形式存在差异等情况导致的信息与客观事实不完全一致的情形，表格中融资数据仅供参考）

表 4-10　中国 AI 企业前十强（截至 2023 年）

排名	企业名称	成立时间	所在省份	所在城市	融资总额/元
1	中国农业银行股份有限公司	1986-12-18	北京市	北京市	24649411
2	阿里巴巴（中国）网络技术有限公司	1999-09-09	浙江省	杭州市	24344820.5
3	赛灵思电子科技（上海）有限公司	2007-02-13	上海市	上海市	22750000
4	北京小桔科技有限公司	2012-07-10	北京市	北京市	16670235
5	蚂蚁科技集团股份有限公司	2000-10-19	浙江省	杭州市	13236900
6	中国联合网络通信股份有限公司	2001-12-31	北京市	北京市	10860012.98
7	中国移动通信集团有限公司	1999-07-22	北京市	北京市	10001249.49
8	北京三快科技有限公司	2007-04-10	北京市	北京市	8212183.31
9	上海蔚来科技有限公司	2014-11-25	上海市	上海市	8093001
10	上海拉扎斯信息科技有限公司	2010-07-07	上海市	上海市	8028850

数据来源：Wind 和第三方机构。数据整理与分析：浙江大学全球科创与产业发展研究中心

(5) 中国 AI 新锐独角兽企业前十强(综合实力排名)

针对我国已涉足 AI 业务的新锐独角兽企业,长三角地区占比最高,上海市单独占比最高。近年来,独角兽企业已成为数字经济时代创业企业中一支异军突起的势力,引发社会广泛关注,独角兽企业具备行业朝阳、增长速度较快等特征,它们往往拥有独有核心技术或颠覆性商业模式,其中部分公司最终将成为某一新兴领域的霸主。根据公司市值、专利数、投融资、研发等综合因素,表 4-11 遴选出本领域具有代表性的 10 家 AI 领域企业。其中深圳元戎启行科技有限公司、上海滴滴沃芽科技有限公司和南京领行科技股份有限公司,公开融资总额分别是 269500 元、530000 元和 1782000 元,企业成立时间分别是 2019 年 2 月、2019 年 3 月和 2019 年 4 月;从省市分布来看,列选的 10 家企业中,上海市最多有 4 家企业入选,其次为北京、广东和江苏,分别有 3 家、2 家、1 家企业入选;从区域分布来看,长三角地区有 4 家上榜,占比达 50%,其次为京津冀地区有 3 家上榜,占比达 30%,再次为珠三角地区有 2 家上榜,占比达 20%。(特别声明:不排除因信息公开来源尚未公开、公开形式存在差异等情况导致的信息与客观事实不完全一致的情形,表格中融资数据仅供参考)

表 4-11 中国 AI 新锐独角兽企业前十强(截至 2023 年)

排名	企业名称	成立时间	所在省份	融资总额/元
1	深圳元戎启行科技有限公司	2019-02-18	广东省	269500
2	上海滴滴沃芽科技有限公司	2019-03-01	上海市	530000
3	南京领行科技股份有限公司	2019-04-22	江苏省	1782000
4	上海壁仞智能科技有限公司	2019-09-09	上海市	140000
5	毫末智行科技有限公司	2019-11-29	北京市	172500
6	深圳思谋信息科技有限公司	2019-12-20	广东省	130000
7	北京红棉小冰科技有限公司	2020-05-20	北京市	106300
8	摩尔线程智能科技(北京)有限责任公司	2020-06-11	北京市	362950

续表

排名	企业名称	成立时间	所在省份	融资总额/元
9	上海小度技术有限公司	2020-10-28	上海市	65000
10	东久新宜(中国)投资有限公司	2022-01-25	上海市	暂无

数据来源：Wind和第三方机构。数据整理与分析：浙江大学全球科创与产业发展研究中心

4.3　AI交流合作

学术交流在促进国际合作和学科发展方面扮演着重要角色，合作发表论文是各个国家之间开展学术交流的常见形式。

4.3.1　全球AI技术跨国合作

(1)全球跨国合作发表AI论文数量变化趋势

如图4-13，过去九年中国与其他主要国家合作发表AI论文数量处于持续上升态势，2022年突然全面减少。2013—2021年的九年里，中国与其他国家合作发表的AI论文数量整体上处于稳步上升阶段，充分体现了我国学者在全球的合作与影响力持续加强。需要注意的是，2022年的数据开始出现全面回落，而且是与各主要国家的合作发文数量同步回落。

另一个值得注意的是，中英、中德与中韩之间的合作在十年间的增长率明显高于中美与中日的合作，侧面说明中国与欧洲的合作研究越来越紧密并取得了明显的成效。

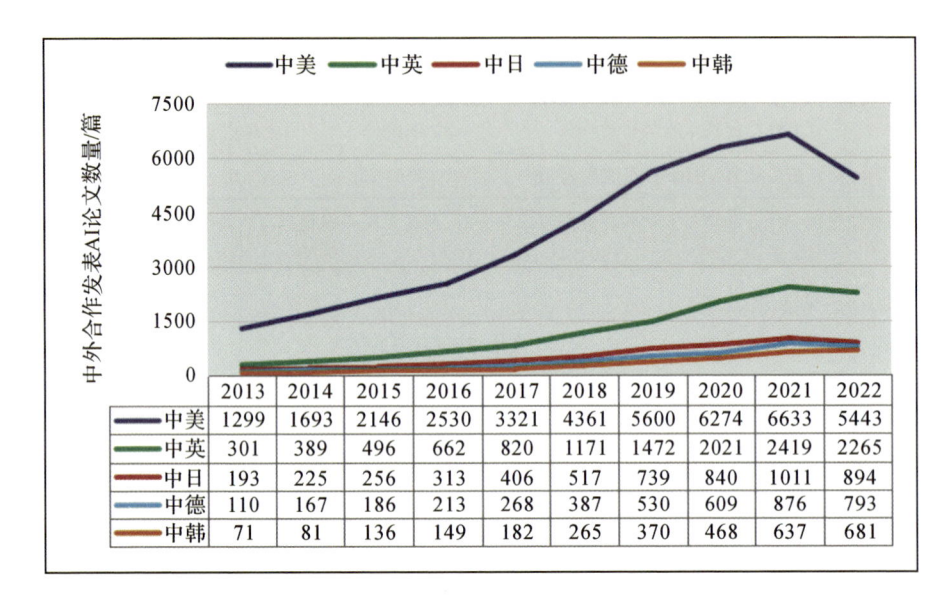

	2013	2014	2015	2016	2017	2018	2019	2020	2021	2022
中美	1299	1693	2146	2530	3321	4361	5600	6274	6633	5443
中英	301	389	496	662	820	1171	1472	2021	2419	2265
中日	193	225	256	313	406	517	739	840	1011	894
中德	110	167	186	213	268	387	530	609	876	793
中韩	71	81	136	149	182	265	370	468	637	681

图 4-13　中国与其他国家合作发表 AI 论文数量变化趋势（2013—2022 年）

数据来源：Web of Science。数据整理与分析：浙江大学全球科创与产业发展研究中心和浙江大学图书馆

（2）全球跨国合作申请 AI 专利数量变化趋势

如图 4-14，过去十年中国与其他主要国家合作申请 AI 专利数量处于逐年上升趋势，其中中美合作专利数量最多，增幅最为显著。2013—2022 十年内，中国与其他主要国家合作申请 AI 论文数量基本表现为逐年增加趋势，说明我国近些年重视与其他国家在人工智能领域应用研究方面的合作。其中中美合作申请的 AI 专利最多，增幅也最为明显，2022 一年里面，中美合作申请专利的公开数量已经超过 500 件，考虑到 2021 年和 2022 年部分专利尚未公开，实际数量会更多。

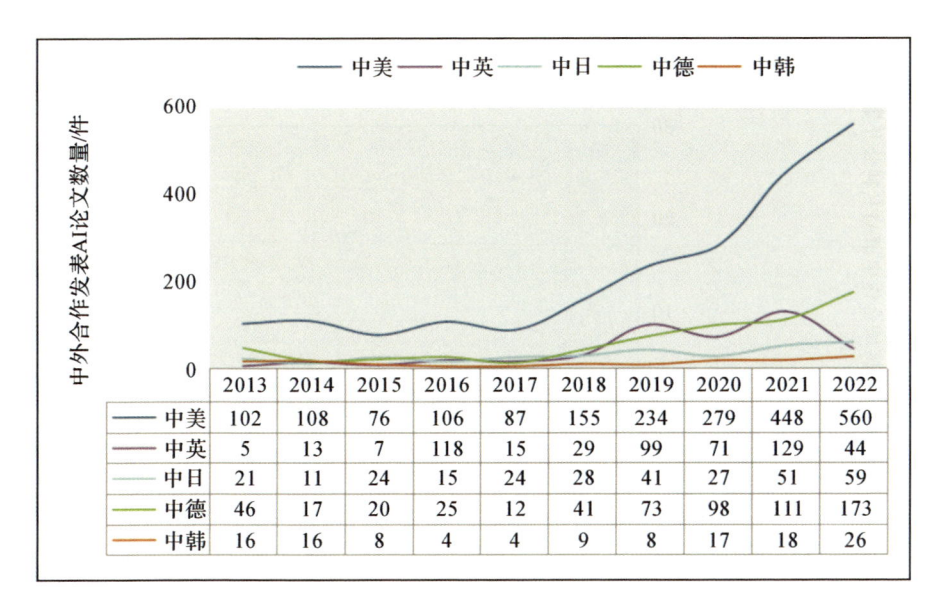

	2013	2014	2015	2016	2017	2018	2019	2020	2021	2022
中美	102	108	76	106	87	155	234	279	448	560
中英	5	13	7	118	15	29	99	71	129	44
中日	21	11	24	15	24	28	41	27	51	59
中德	46	17	20	25	12	41	73	98	111	173
中韩	16	16	8	4	4	9	8	17	18	26

图 4-14　中国与其他国家合作申请 AI 专利公开数量历年变化趋势
（2013—2022 年）

数据来源：智慧芽。数据整理与分析：浙江大学全球科创与产业发展研究中心

4.3.2　三大经济圈跨区域合作

如图 4-15，过去十年中国长三角—京津冀地区合作申请 AI 专利数量最多，历年合作专利数量表现为先减少后增加趋势。2013—2022 十年内，分析中国主要经济圈之间合作申请 AI 专利情况，发现中国长三角地区和京津冀地区合作申请 AI 专利的公开量最多，表现为先减少后增加趋势，转折点是 2016 年。珠三角地区与长三角地区和京津冀地区合作申请 AI 专利数量表现为逐年缓慢增长趋势，增幅较小，2020—2022 年部分专利尚未公开。

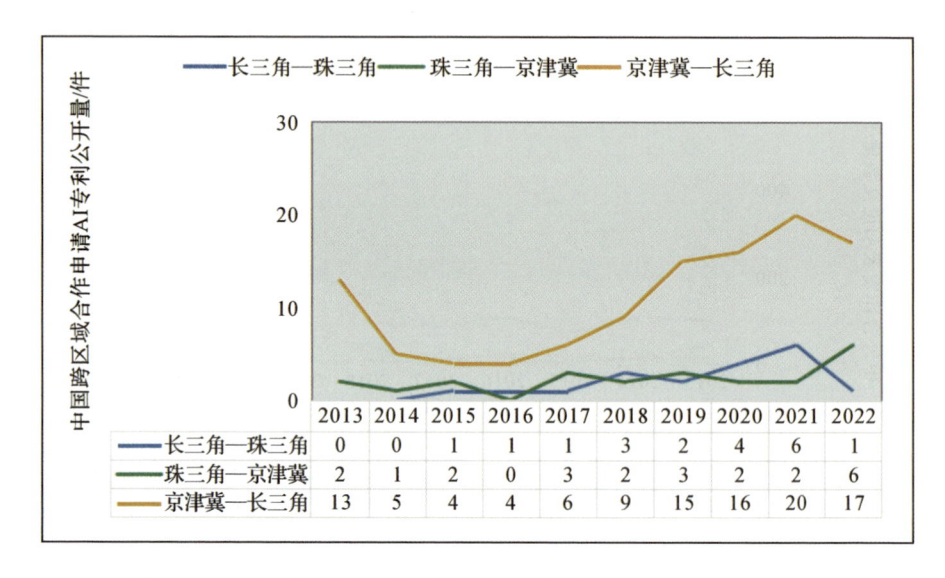

图 4-15　三大经济圈跨区域合作申请 AI 专利公开数量历年变化趋势

（2013—2022 年）

数据来源：智慧芽。数据整理与分析：浙江大学全球科创与产业发展研究中心

4.3.3　三大经济圈跨部门合作

如图 4-16，过去十年中国京津冀地区"高校院所—企业"合作申请 AI 专利数量最多，长三角地区于 2019 年赶超珠三角地区当前排名第二。2013—2022 十年内，分析三大经济圈各自的"高校院所—企业"合作申请 AI 专利情况，其中高校院所和企业所在地址限制为本经济圈，发现中国京津冀地区"高校院所—企业"合作申请 AI 专利数量最多，并于 2020 年超过 1000 件；长三角地区于 2019 年赶超珠三角地区数量排名第二，增速最快，已经于 2021 年超过 1000 件，2022 年为 2271 件，单年合作申请 AI 专利数量直逼京津冀地区的 2459 件。

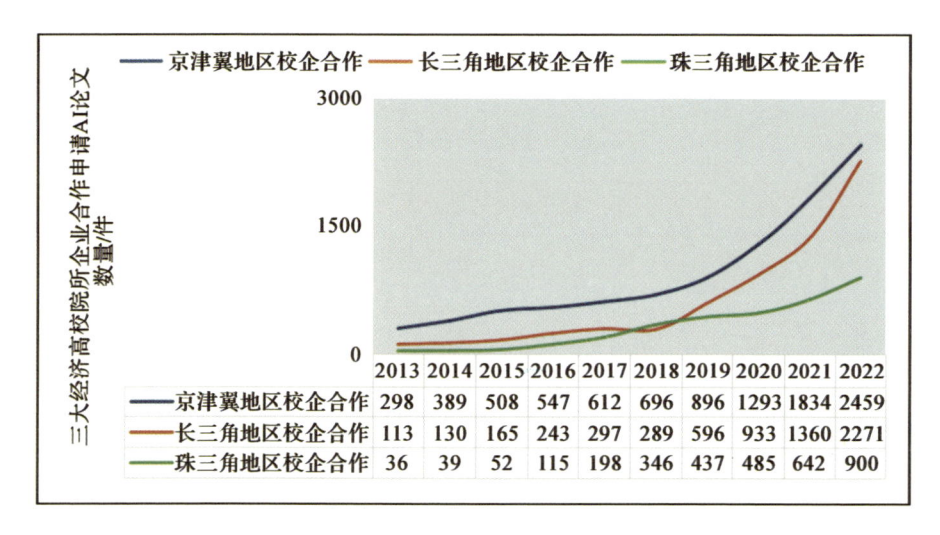

三大经济高校院所企业合作申请AI论文数量/件	2013	2014	2015	2016	2017	2018	2019	2020	2021	2022
京津翼地区校企合作	298	389	508	547	612	696	896	1293	1834	2459
长三角地区校企合作	113	130	165	243	297	289	596	933	1360	2271
珠三角地区校企合作	36	39	52	115	198	346	437	485	642	900

图 4-16 三大经济圈高校院所—企业合作申请 AI 专利公开数量历年变化趋势（2013—2022 年）

数据来源：智慧芽。数据整理与分析：浙江大学全球科创与产业发展研究中心

第五章
人工智能人才维度

5.1 AI人才基本情况

5.2 AI人才需求

5.3 AI人才缺口

5.4 顶尖AI人才

5.1 AI人才基本情况

中、美、印三国AI人才数量位居世界前三,全球人才聚集现象凸显。根据第三方尚普研究院的数据统计与分析(见图5-1),截至2022年4月,全球当前累计AI人才突破100万人。其中,中国Al人才数量超过18万人,居世界首位,占全球AI人才总数的18%。美国和印度AI人才数量分居全球第二、三位,并且均超过15万人。中、美、印三国AI人才合计占比接近全球50%。英国、加拿大、德国、法国等国家AI人才数量也超过万人。AI人才数量排名前十的国家占全球总数超过60%,AI人才聚集现象凸显。

但是,值得警觉的是,美国近年来缩短了中国赴美留学生签证期限,对中国学术人员及其研究严格审查,拒签为中国国防或安全部门直接或间接提供服务的相关人员,虚假指控中国籍或华裔专家"窃取高科技商业机密"。这些限制性政策对人才培养的国际合作造成干扰,甚至阻断了中美之间正常的学术交流。短时间来看,可能会造成从美国返回中国的华裔科学家显著增加,但是从长远来看,这些政策变化不利于AI人才培养的开放合作。

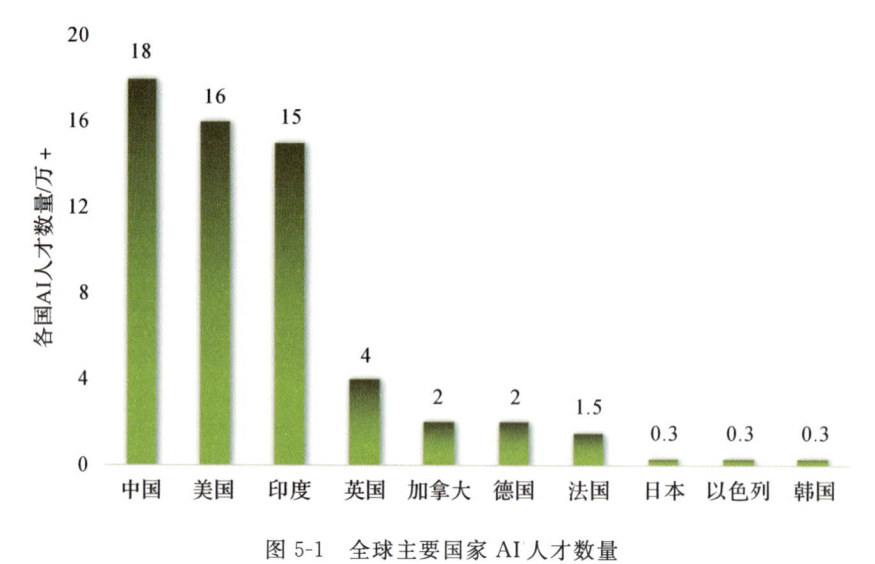

图 5-1　全球主要国家 AI 人才数量

数据来源：尚普研究院

5.2　AI 人才需求

人工智能产业规模的扩大引发国内外企业对 AI 人才需求量的激增。分别整理猎聘等公开数据，得到全球和中国 AI 热招职能（见表 5-1），其中全球 AI 热招职能排名前三的分别是算法和机器学习、GPU 和智能芯片、机器人，中国 AI 热招职能排名前三的分别是算法工程师、C＋＋、产品经理。

表 5-1　全球 AI 人才紧需岗位（2022—2023 年累计）

排名	全球 AI 热招职能	排名	中国 AI 热招职能
1	算法、机器学习	1	算法工程师
2	GPU、智能芯片	2	C++
3	机器人	3	产品经理
4	图像识别、计算机视觉	4	嵌入式软件开发
5	自然语言处理	5	Java
6	智能/精准营销	6	硬件工程师
7	语音识别	7	测试工程师
8	推荐系统	8	售前技术支持
9	搜索引擎	9	WEB 前端开发
10	自动驾驶	10	智能网联工程师

数据来源：猎聘、领英等第三方数据平台

5.3　AI 人才缺口

目前国内人工智能人才供不应求，需求是五年前的近 3 倍，紧缺程度持续高于互联网总体水平。相较于整个行业的蓬勃发展，国内 AI 人才面临紧缺困境，据猎聘《ChatGPT 相关领域就业洞察报告》[①]（见图 5-2）显示，五年来，互联网人才需求（新发职位）增长趋势平缓，而人工智能在 2020 年之后处于总体迅速上升态势。近一年人工智能整体人才紧缺指数为 1.60，高于互联网。分月来看，每月人工智能的人才紧缺指数都明显高于互联

---

① 猎聘大数据研究院. ChatGPT 相关领域就业洞察报告［R/OL］.（2023-02-17）［2023-07-17］. https://mp.weixin.qq.com/s/3KCG0K-qbNism7Soo54CJg.

网,单 2023 年 1 月,人工智能的 TSI 高达 1.84,比互联网高出 0.35。[①]

图 5-2 中国 AI 人才缺口情况

数据来源:猎聘《ChatGPT 相关领域就业洞察报告》

5.4 顶尖 AI 人才

5.4.1 中国顶尖 AI 科学家

中国近十年前十位中国顶尖 AI 科学家(高被引 AI 论文发文数排序)所属学校按数量排序前三名分别是中国科学院、西北工业大学和武汉大学,所占比分别是 9%、7%、6%。从高引论文统计(见表 5-2)看,温州大学计算机与人工智能学院陈慧灵教授以 66 篇的数量居于榜首,其主要研究方向为数据挖掘、机器学习方法及应用,并致力于 AI 在医学领域的应用研究。

此外,综合分析国内前十位 AI 高引学者的研究领域,可以看出计算机

---

① 图表中的 TSI(Talent Shortage Index)意为人才紧缺指数,TSI=1 表示供需平衡,TSI>1 表示人才供不应求,TSI<1 表示人才供大于求。如果 TSI 呈上升趋势,表示人才越来越抢手,找工作相对容易。如果 TSI 呈下降趋势,表示职位越来越抢手,找工作相对难。该指数计算主要考虑招聘方发布职位、云电话与求职方活跃、应聘等因素建立模型计算得出。

视觉、机器学习与深度学习、智能交互、数据挖掘、智能医疗等是中国 AI 基础研究较为领先和具有较大影响力的领域。

表 5-2 中国顶尖 AI 科学家前十排名（2013—2022 年累计）

序号	学者	所属机构	2013—2022 年累计高被引 AI 论文发文数量
1	Chen, Huiling	温州大学	66
2	Zhang, Liangpei	武汉大学	64
3	Chen, Wei	西安科技大学	33
4	Ma, Jiayi	武汉大学	31
5	Han, Junwei	西北工业大学	29
6	Deng, Wu	中国民航大学	25
7	Du, Bo	武汉大学	25
8	Li, Shutao	湖南大学	24
9	Cheng, Gong	西北工业大学	24
10	Lv, Zhihan	青岛大学	23

数据来源：Web of Science。数据整理与分析：浙江大学全球科创与产业发展研究中心和浙江大学图书馆

5.4.2 中国杰出 AI 专利工程师

中国近十年前 10 位中国杰出 AI 专利工程师所属企业，按高价值 AI 专利公开数排序，前三名分别是深圳市大疆创新科技有限公司、小米科技有限责任公司、百度（美国）有限责任公司。从高价值专利统计情况（见表 5-3）来看，小米科技有限责任公司的发明人侯恩星（Hou, Enxing）以 167 件居于榜首，其公开的专利的主要应用领域涉及通用控制系统、数字传输系统、无线通信服务、电数字数据处理等。

此外，综合分析国内前 10 位中国杰出 AI 专利工程师的研究领域，主要集中在电数字数据处理、计算机零部件、图像数据处理、计算模型、语音

识别、数字视频信号修改、非电动变量控制等。①

表 5-3　中国杰出 AI 专利工程师前十排名(2013—2022 年累计)

序号	发明人	所在机构	2013—2022 年累计高价值 AI 专利公开数量
1	Hou,Enxing	小米科技有限责任公司	167
2	Zhou,Yibao	OPPO 广东移动通信有限公司	155
3	Wen,Zhongcheng	NNT 都科摩股份有限公司	122
4	Liu,Shaoli	中科寒武纪科技股份有限公司	101
5	Chen,Zhijun	小米科技有限责任公司	96
6	Zhao,Tao	深圳市大疆创新科技有限公司	94
7	Chen,Chaoqing	NNT 都科摩股份有限公司	91
8	Wang,Tao	深圳市大疆创新科技有限公司	88
9	Chen,Tianshi	中科寒武纪科技股份有限公司	84
10	Wang,Jingao	百度(美国)有限责任公司	80

数据来源:智慧芽。数据整理与分析:浙江大学全球科创与产业发展研究中心

---

① 在进行发明人专利检索时只考虑中英文两种语言,此外为了避免重名,每一个发明人仅和一家机构相对应。

第六章
人工智能政策维度

6.1 美国政策

6.2 欧盟政策

6.3 英国政策

6.4 日本政策

6.5 韩国政策

6.6 中国政策

6.7 全球政策比较

2013年,美国启动"推进创新神经技术脑研究计划(BRAIN)",并投入1.1亿美元,以探索人类大脑工作机制;同年法国发布《法国机器人发展计划》,各国开始对人工智能有模糊认识,但重视程度不够,主要布局与人工智能技术相关的机器人、脑科学及其他高新技术领域。2016年AlphaGo战胜韩国围棋名手李在石,"人工智能"这一技术被世界各国重新颠覆性认识,世界各国纷纷开始讨论人工智能对社会、经济的巨大影响,"人工智能"成为各国重点布局的领域。[1] 之后,各国人工智能发展战略密集出台,发展思路也逐渐清晰。

6.1 美国政策

◆ 美国——全方位加强AI领域的投资布局,以监管及非监管手段保证全球领导地位

人工智能飞速发展时期,美国三位总统均在不同侧重领域给予相当的支持。表6-1汇总了2013年以来美国人工智能政策。奥巴马积极推动人工智能的发展,执政期间发布三份重磅报告:《为人工智能的未来做准备》

---

[1] 微信公众号"全球技术地图".科技竞争制高点:世界主要国家AI战略梳理与对比[EB/OL].(2018-08-05)[2023-08-16]. https://mp.weixin.qq.com/s/ztX0s6Bjst7DDzEf6dCuBQ.

探索了人工智能的发展现状、应用领域及潜在的公共政策问题;《国家人工智能研究与发展战略计划》将发展人工智能上升为国家战略高度,明确美国优先发展的人工智能七大战略及两方面建议,包括对 AI 研发进行长期投资、开发人机协作的有效办法、确保 AI 系统的安全性等;《人工智能、自动化与经济》则讨论人工智能驱动的自动化对经济预期的影响,并描述提升人工智能益处并减少其成本的广泛战略。①

特朗普上任后对人工智能发展战略进一步升华,聚焦市场导向的 AI 战略。2018 年 5 月白宫举办美国工业界"人工智能峰会",并成立了人工智能特别委员会,以消除创新与监管障碍,支持国家 AI R&D 生态系统,提高人工智能创新自由度与灵活度,使 AI 的高影响力、特定部门的应用成为可能,其中特别强调 AI 在国防安全领域的影响。2019 年特朗普《美国 AI 倡议》多管齐下保证美国人工智能的领导地位:加大人工智能研发投入、开放人工智能资源、设定人工智能治理标准、培养人工智能劳动力,以及国际协作和保护美国人工智能优势五大方面加速 AI 的国际领导,该行政命令是美国推动人工智能发展的一个里程碑事件,对于美国人工智能的研发和应用具有重要引领作用。②

拜登政府持续保持对人工智能领导地位的关注。2021 年 3 月,美国人工智能国家安全委员会发布一份最终报告,就人工智能时代保卫美国国家安全、赢得技术竞争展开论述,勾勒出美国在人工智能领域的领导地位的路线图。随着人工智能的发展,拜登在 AI 监管及 AI 技术管控方面也做出努力。2023 年 5 月,美国发布"人工智能行动公告"及"人工智能全面投资禁令",前者对人工智能的态度转向支持监管,美国政府采取全政府参与的方式,通过现有的管理机构或自愿倡议对人工智能进行监管;后者则

---

① 人民网.资金+人才,人工智能领先的关键[EB/OL].(2017-05-25)[2023-08-16].http://world.people.com.cn/n1/2017/0525/c1002-29298023.html.
② 微信公众号"军事高科技在线".美国人工智能倡议(全文)[EB/OL].(2018-08-05)[2023-08-18].https://mp.weixin.qq.com/s/xPYa-jVZK82I_fz0O7BbBw.

通过禁令限制别国人工智能的发展,如严格限制美国企业对中国部分高科技产业投资,其中人工智能、半导体和量子技术领域可能面临全面的投资禁令。

总体来说,美国充分利用其全球经济治理的领导优势、基础科技创新优势持续推动人工智能发展,通过多项顶层战略政策重塑国家创新体系,巩固和保障美国在人工智能领域绝对的技术优势及话语权。一是加强顶层设计,健全创新政策系统。从 2016 年的《国家人工智能研究与发展战略计划》到《保证美国人工智能的领导地位》《人工智能增长研究发展》《2020 国家人工智能计划法案》等多项政策,美国不断强化对人工智能的产业支持力度并提出关键发展方向及发展路径。《"美国人工智能计划":首个年度报告》《2021 美国创新与竞争法》等政策明确提出设立人工智能特别委员会、机器学习与人工智能小组委员会、机器学习与人工智能小组委员会、新技术竞争力委员会等多个机构,建立专业化人工智能研发跨部门协调机制促进 AI 发展。二是加大对人工智能领域的长效投资。2020 年发布的《新兴军事技术:背景与国会面临的问题》提出美国国防部在人工智能领域的公开投资超 600 项人工智能项目;《2020 年国家人工智能安全委员会(NSCAI)最终报告》提出每年至少拨款 80 亿美元用于人工智能研发;《2021 年美国创新与竞争法案》授权 1200 亿美元在未来 5 年用于人工智能、量子技术、机器人等研究。三是抢夺全球人工智能人才,强化人才培养体系。《国家 AI 倡议法案》推动美国国家科学院、工程院和医学联合探索人工智能对各部门劳动力的影响,通过 STEM 计划及"学徒制"培养下一代美国人工智能研究人员及用户。美国也通过降低签证门槛、研究生奖学金计划等方式搜刮全球人工智能高端人才。四是超前部署人工智能基础设施,构建创新生态系统。2020 年《开拓未来先进计算生态系统战略计划》用于指导美国高性能计算活动,能源部也在国家实验室提供高性能计算基础上设施用于人工智能。同时通过扩大公私合作伙伴关系促进人工智能创新发展，《2018国防部人工智能战略摘要》特别提出强化与领先的私营企业、研究机构、全球盟友和伙伴的合作，具体包括聚焦全球挑战建立开放型任务计划，培育发展新型人工智能创新区域，增强与美国工业伙伴的关系，深化同盟和国际伙伴关系，开源社区合作吸引人才等。"人工智能合作伙伴关系计划""国土安全部科技理事会硅谷创新机会（SVIP）"等进一步推动美国人工智能领域跨学科、跨行业之间的合作发展。五是通过监管和非监管推动AI创新发展。2019年发布的《算法问责法2019（草案）》是美国第一次认真尝试监管人工智能，也是第一次立法尝试在总体上监管人工智能而非自动驾驶汽车等特定技术领域。2020年发布的《人工智能应用监管指南》提出十大监管原则强调监管的灵活性，重在限制主管机关过度插手，要求联邦政府在对人工智能技术和相关产业采取监管和非监管措施时，应以减少人工智能技术应用的障碍和促进技术创新为目标。[①] 此后陆续出台《数据问责和透明度法2020》《人工智能能力与透明度法案》《美国数据隐私和保护法案（草案）》等，在人工智能负责、可靠、可追溯及消费者隐私保护方面加强保障，对人工智能的应用与治理给予引导。随着ChatGPT横空出世，2023年4月美国商务部的国家电信和信息管理局（NTIA）发布"人工智能问责政策"征求意见书，该意见稿承认普遍存在共识的"AI监管难题"；2023年5月拜登宣布的一项行动公告表明其对人工智能的态度转向支持监管，美国还未有全面人工智能立法，各联邦、州和地方政府已经在部门或用例特定的法规方面取得进展。六是加大对中国人工智能领域的制裁，强化全球人工智能治理的主导地位。2018年以来，美国以国家安全为由通过出口管制和投资审查两类工具限制我国获取人工智能等高端技术。2021年拜登政府将这一理念进一步强化，《无尽前沿法案》《最终报告》等确定从技术投资、供应链、科研人才等方面与我国全面脱

---

① 曹建峰.人工智能治理：从科技中心主义到科技人文协作[J].上海师范大学学报（哲学社会科学版），2020(5)：99.

钩。2023年8月10日,拜登正式签署人工智能全面投资禁令,主要涵盖人工智能、半导体和量子技术领域。①

表6-1 美国AI政策汇总

时间	政策/规划/法案等战略名称	主要内容
2013年4月	推进创新神经技术脑研究计划(BRAIN)	政府拨款1.1亿美元支持
2014年	NIH小组制定未来十年详细计划	总投资45亿美元
2015年10月	DARPA"未来技术论坛"	预测未来30年技术发展
2015年11月	CSIS《国防2045:为国防政策制定者评估未来的安全环境及影响》	人工智能是影响未来安全的重要因素
2016年5月	白宫成立人工智能和机器学习委员会	探讨制定人工智能相关政策和法律
2016年10月	总统办公室《为人工智能的未来做好准备》《美国国家人工智能研究与发展战略计划》	将人工智能上升到国家战略高度,确定了7项长期战略,制定了发展蓝图
2016年12月	白宫《人工智能、自动化和经济》	讨论人工智能驱动的自动化对经济预期的影响,并描述提升人工智能益处并减少其成本的广泛战略
2017年3月	特朗普设立美国白宫创新办公室(OAL)以制定政策和计划,改善政府服务并发起致力于创新的倡议	举办新兴技术峰会,与业内领导者识别在美国发展技术的阻碍
2018年5月	白宫举办美国工业界"人工智能峰会"	讨论AI的前景,维持美国在人工智能时代的领导地位的政策:1.支持国家AI R&D生态系统;2.发展美国劳动力充分利用AI优势;3.使AI的高影响力、特定部门的应用成为可能

---

① 张东,徐峰.美国政府统筹推动人工智能发展的政策举措分析[J].全球科技经济瞭望,2022,37(6):3.

续表

时间	政策/规划/法案等战略名称	主要内容
2019 年 2 月	特朗普《美国 AI 倡议》行政命令,保证美国人工智能的领导地位	多管齐下加速 AI 的国际领导。五个关键领域:加大人工智能研发投入、开放人工智能资源、设定人工智能治理标准、培养人工智能劳动力,以及国际协作和保护美国人工智能优势。人工智能项目由国家科学技术委员会(NSTC)人工智能特别委员会(Select Committee on Artificial Intelligence)协调。这份行政令的出台是美国政府推动人工智能发展的一个里程碑事件,对于美国人工智能的研发和应用具有重要引领作用
2019 年 4 月	参议院《算法问责法 2019(草案)》	美国第一次认真尝试监管人工智能,也是美国第一次立法尝试在总体上监管人工智能系统,而不是监管自动驾驶汽车等特定技术领域
2019 年 6 月	白宫《2019 更新版国家人工智能研究发展战略计划》	评估和指导研发资金投向美国联邦各机构,推动人工智能领域的前沿技术研究,确保美国的优势地位
2019 年 11 月	白宫《2016—2019 年人工智能研发进展报告》	分析了 3 年来美国发展人工智能的整体情况:美国的 AI 国防应用,包括网络空间运营、情报监视和侦察、深度伪造、致命性自主武器系统(LAWS)等;技术和人员等方面的军事化 AI 集成挑战;中俄两国的军事化 AI 发展进程及其存在的问题;在国家安全领域应用 AI 的机遇与挑战;AI 对作战的潜在影响等。报告还对美国人工智能的未来发展提出了政策建议
2020 年 1 月	白宫《人工智能应用的管制指引/人工智能应用规范指南》	限制主管机关过度插手。为了推进美国的创新,各机构应牢记人工智能的国际应用,确保美国公司不受美国监管制度的不利影响

续表

时间	政策/规划/法案等战略名称	主要内容
2020年2月	白宫科技与技术政策办公室《美国人工智能倡议:第一年度报告》	提升美国在AI领域的领导力:1.投资AI R&D;2.开放AI资源;3.移除AI创新障碍;4.训练AI劳动力;5.促进支持美国AI创新的国际环境;6.为政府服务和任务囊括值得信赖的AI
2020年3月	《2020"国家人工智能计划"法案》	该法案吸收了包括"美国人工智能计划"在内的多项联邦人工智能政策与措施,后被打包纳入《2021财年国防授权法》并于2021年1月生效。法案要求美国制定并实施"国家人工智能计划",以解决美国人工智能发展面临的一系列问题。依据此法案,美国白宫科学技术政策办公室(OSTP)宣布成立国家人工智能计划办公室和国家人工智能咨询委员会,并建立或指定一个机构间委员会,以更健全完备的组织机构推动"国家人工智能计划"实施。规定要对2019年发布的国家AI研发战略规划进行定期更新,将白宫2019年指导的关键AI技术标准活动扩展至包括AI风险评估框架等。 本法案标志着美国AI技术在军事层面的领先目标已达成,接下来是开始面向商业领域
2020年5月	《生成人工智能网络安全法案》	该法案要求美国商务部和联邦贸易委员会明确人工智能在美国应用的优势和障碍;调查其他国家的人工智能战略,并与美国进行比较;评估供应链风险以及如何解决这些风险。此外,法案要求这些机构向国会报告结果,并制定国家人工智能战略的建议
2020年6月	《数据问责和透明度法2020》	法案将算法自动化决策纳入监管,提出消费者应当有权质疑收集数据的理由并要求人工对算法自动化决策进行审查和解释

续表

时间	政策/规划/法案等战略名称	主要内容
2020年9月	众议院《2020年政府法令》	法案旨在通过在总务管理局(GSA)内部建立"优秀人工智能中心",并要求管理和预算办公室(OMB)向联邦机构发布一份关于人工智能治理方法的备忘录,以促进联邦政府助力开发人工智能创新应用。同时还要求科学技术政策办公室就人工智能的安全应用和最佳实践向各联邦机构发布指导
2021年1月	成立国家人工智能计划办公室	成立隶属于白宫科学技术政策办公室的国家人工智能计划办公室,其负责监督和实施2020年《国家人工智能计划法》,协调政府、行业及学术界的人工智能研究与政策制定,确保未来几年美国在人工智能领域的领导地位
2021年3月	美国人工智能国家安全委员会《最终报告》	就美国如何赢得人工智能时代提出战略性建议。全文分为两个部分:第一部分为"在人工智能时代保卫美国";第二部分为"赢得技术竞争"。该报告旨在抵御人工智能威胁,负责任地运用人工智能技术促进国家安全,并为其繁荣、安全和福利赢得更广泛的技术竞争力
2021年5月	参议院《人工智能能力与透明度法案》《军事人工智能法案》	前者致力于《最终报告》的建议,改进人才招募制度并加速采用新技术,增强政府使用人工智能的能力及透明度;后者致力于改善军队各级人员的人工智能教育与培训计划,使其能更好地使用人工智能
2021年6月	美国政府问责办公室(GAO)《人工智能:联邦机构和其他实体的问责框架》	确保人工智能负责、公平、可靠、可追溯和可治理。该问责框架由4个部分组成,分别是治理、数据、性能和监视。GAO认为,人工智能的输入和操作对用户是不可见的,缺乏透明度会为审查员的工作带来阻力。此外,人工智能有可能放大与公民自由、道德和社会差异相关的现有偏见与担忧。因此,GAO强调了审查人工智能的重要性,旨在帮助美国政府和私营机构负责任地设计、开发和部署人工智能技术

续表

时间	政策/规划/法案等战略名称	主要内容
2021年9月	美国商务部成立国家人工智能咨询委员会	主要任务是向美国总统和国家人工智能计划办公室提供咨询，还负责研究美国在人工智能领域竞争力和全球领导地位现状、审查《计划法》目标达成情况，监督人工智能科研状况，"国家人工智能计划"的管理与协调，争取人工智能研发和标准制定的国际合作机会等
2022年6月	美国众议院和参议院《美国数据隐私和保护法案（草案）》	该法案的草案是第一个获得两党和两院支持的美国综合性联邦隐私法案（草案）；旨在联邦层面建立消费者隐私数据保护法律框架，为美国消费者提供了隐私权保护和有效的补救措施
2022年10月	美国白宫科技政策办公室《AI权利法案蓝图》	开启了拜登时期的AI治理格局。该法案旨在通过"赋予美国各地的个人、公司和政策制定者权力，并响应拜登总统的呼吁，让大型科技公司承担责任"，以"设计、使用和部署自动化系统的五项原则，在人工智能时代保护美国公众"。该法案列出了五大保护原则：创建安全及有效的系统，避免算法歧视，保护个人隐私，阐明自动化系统的依据与用途，允许用户退出
2023年2月	白宫《国家网络安全战略》	旨在确保数字生态系统的安全保障。该战略指出，在未来决定性的十年中，美国将重新构建网络空间，将其作为实现价值观目标的工具，具体价值观包括：经济安全和繁荣、尊重权力和基本自由、信任民主和民主机构，以及一个公平和多元化的社会。为实现这一愿景，美国必须根本性转变其在网络空间的角色、责任和资源分配方式

续表

时间	政策/规划/法案等战略名称	主要内容
2023年4月	美国商务部的国家电信和信息管理局(NTIA)发布"人工智能问责政策"征求意见书	NTIA是总统在电信和信息政策问题上的首席顾问。在这份征求意见稿中,NTIA承认了普遍存在共识的"AI监管难题"——如何权衡多重目标、实施问责机制的难度、AI生命周期和价值链复杂性带来的挑战、如何标准化评估等。对于一些涉及更为有争议的、难以协调的、跨领域的标准难题,NTIA认为"根本不部署人工智能系统将是实现既定目标的手段"
2023年5月	拜登宣布一项行动公告	美国对人工智能的态度正在转向支持监管。与隐私保护领域类似,美国没有全面的人工智能立法,不过联邦、州和地方政府已经在部门或用例特定的法规方面取得了进展。美国政府采取了全政府参与的方式来监管人工智能,通过现有的管理机构或自愿倡议进行
2023年5月	拜登发布美国计划人工智能全面投资禁令	拜登计划在19日到21日的七国集团领导人广岛峰会前后签署一项行政令,严格限制美国企业对中国部分高科技产业投资;其中,人工智能、半导体和量子技术领域可能面临全面投资禁令。2023年8月10日正式签发

6.2 欧盟政策

❖ 欧盟——治理与创新兼具,谋求人工智能全球领先地位

欧盟大力推动人工智能发展。2014年开始,欧盟陆续出台人工智能领域相关政策(见表6-2)。2014年出台的《2014—2020欧洲机器人技术战

略》《地平线 2020 战略——机器人多年发展战略图》，旨在促进机器人行业应用在更广泛的领域，扩大机器人技术对社会经济的影响力。同时期望 2020 年欧洲机器人技术占世界市场的 42% 以上，从而保证其全球领先地位。2016 年 5 月发布《对欧盟机器人民事法律规则委员会的建议草案》，10 月发布《欧盟机器人民事法律规则》，在大力支持人工智能产业发展的同时加强对人工智能领域的监管，拟成立专门机构，制定伦理准则，明确知识产权等。

2018 年 4 月，欧盟委员会向欧洲议会、欧洲理事会递交《欧盟人工智能行动计划》，确立三大支柱：增强欧盟的技术与产业实力并推进人工智能应用、为迎接社会经济变革做好准备、确立适配的伦理与法律框架。此后，欧盟致力于在伦理价值下推动人工智能的快速发展。一是加强投资力度，增强产业技术能力。2020 年《欧洲人工智能白皮书》针对人工智能的采用和解决使用新技术的风险的双目标提出对策建议，提出欧洲拥有成为可安全应用人工智能系统世界领导者所需的一切，欧洲将促进私营和公共部门合作推动整个价值链资源布局 AI 领域。白皮书同时指出，欧洲需要加大对人工智能领域投资，并计划每年吸引 200 亿欧元的 AI 技术研发和应用资金，引进顶尖的教授和科学家等。二是促进教育和培训体系升级，以适应人工智能为就业带来的变化。2021 年 6 月，欧盟委员会发布《人工智能国家战略：欧洲视角》，除了创建监管框架，解决 AI 系统的道德、信任问题外，还重点布局加强 AI 教育和技能、支持研究和创新以推动 AI 发展为成功的产品和服务，提高协作和交流；建立尖端数据生态系统和 ICT 基础设施三大方面。欧盟为支持成员国的劳动力及教育政策，专门制定了人工智能再培训计划、支持数字技能培训生计划、通过数字技能与就业联盟、商业—教育合作等措施吸引更多 AI 人才促进合作。三是确定"可信赖人工智能"整体框架，制定合适的伦理及法律架构。欧盟一直致力于 AI 的监管和治理事业，自人工智能产业发展以来，欧盟分别出台《对欧盟机器人民事法律规则委员会的建议草案》《欧盟机器人民事法律规则》《值得信赖的人工智能伦理指引》《人工智能法案》《人工智能法案草案》《关于 GDPR 下的个人数据泄露通知的第 9/2022 号指南》等人工智能伦理及法律相关的政策,强调人工智能应为辅助角色,尊重人类自主、避免伤害、维护公平、具有可解释性,且能受到监管并回溯决策过程,以避免算法的黑箱决策,作为欧盟成员国在订定 AI 相关规范的上位依据。《人工智能法案》是欧盟委员会发布的一个规范人工智能系统的框架。该法案提出推动人工智能在法律、伦理和技术层面的稳健部署,强调尊重人权和民主价值观。法案提出监管沙箱、强制性的 CE 认证标识、全生命周期的算法审计等方案。作为欧盟在人工智能以及更广泛的欧盟数字战略领域的里程碑事件,该法案一经通过,便成为欧盟第一部监管人工智能系统的横向立法,也是全球第一个人工智能法律监管框架。2023 年 5 月,欧洲议会内部市场委员会和公民自由委员会谈判授权《人工智能法》草案。

表 6-2　欧盟 AI 政策汇总

时间	政策/规划/法案等战略名称	主要内容
2014 年	《2014—2020 欧洲机器人技术战略》《地平线 2020 战略——机器人多年发展战略图》	旨在促进机器人行业和供应链建设,并将机器人技术应用在更广泛的行业,希望在 2020 年欧洲能够占到世界机器人技术市场的 42% 以上份额
2016 年	《对欧盟机器人民事法律规则委员会的建议草案》《欧盟机器人民事法律规则》	关注人工智能法律、伦理、责任问题,建议欧盟成立监管机器人和人工智能的专门机构
2018 年 4 月	《欧盟人工智能行动计划》	欧盟将采取三管齐下的方式推动欧洲人工智能的发展:增加财政支持,并鼓励公共和私营部门应用人工智能技术;促进教育和培训体系升级,以适应人工智能为就业带来的变化;研究和制定人工智能道德准则,确立适当的道德与法律框架

续表

时间	政策/规划/法案等战略名称	主要内容
2019年4月	欧盟执行委员会《值得信赖的人工智能伦理指引》	强调人工智能应为辅助角色，尊重人类自主、避免伤害、维护公平、具有可解释性，且能受到监管并回溯决策过程，以避免算法的黑箱决策，作为欧盟成员国在订定AI相关规范的上位依据
2020年2月	《欧洲人工智能白皮书》	针对人工智能的采用和解决使用新技术的风险的双目标提出对策建议
2021年4月	欧盟委员会《人工智能法案》	为人工智能监管铺平道路，欧盟委员会发布了一个规范人工智能系统的框架。该法案提出推动人工智能在法律、伦理和技术层面的稳健部署，强调尊重人权和民主价值观。法案提出监管沙箱、强制性的CE认证标识、全生命周期的算法审计等方案。欧盟在人工智能以及更广泛的欧盟数字战略领域的里程碑事件，该法案一经通过，成为欧盟第一部监管人工智能系统的横向立法，也是全球第一个人工智能法律监管框架
2021年4月	《2021年人工智能行动计划》	加快行动并根据当前欧洲和全球AI格局调整优先事项以及将战略付诸行动
2021年6月	欧盟委员会《人工智能国家战略：欧洲视角》	评估了各国在人工智能方面的战略，并为未来发展提供建议，聚焦四大合作领域：1.加强AI教育和技能；2.支持研究和创新以推动AI发展为成功的产品和服务，提高协作和交流；3.创建监管框架，解决AI系统的道德、信任问题；4.建立尖端数据生态系统和ICT基础设施
2021年12月	《人工智能法案草案》	该草案规定了对高风险AI系统的监管措施。根据该法规，高风险AI系统需要经过严格的评估和认证，以确保其符合欧洲联盟的法律和道德标准

续表

时间	政策/规划/法案等战略名称	主要内容
2023年3月	欧洲数据保护委员会《关于 GDPR 下的个人数据泄露通知的第 9/2022 号指南》	对个人数据可用性(如导致数据在一段时间内无法访问)造成损害也属于个人数据泄露。对个人数据泄露风险的评估应综合考虑泄露的类型,所泄露的个人数据的性质、敏感性和数量,所泄露的个人数据是否易于识别个人,泄露对个人产生后果的严重性,所涉及主体的特殊性,数据控制者的特殊性,受影响的人数等因素综合判断
2023年5月	欧洲议会内部市场委员会和公民自由委员会《人工智能法》的谈判授权草案	

6.3 英国政策

❖ 英国——数据驱动人工智能创新发展新引擎

本节末表 6-3 汇总了英国 2016 年以来的人工智能政策。2017 年 11 月,英国商业、能源及产业战略部发布的《产业战略:建设适应未来的英国》白皮书重点提出要发展"人工智能与数据经济"的四大战略:1. 建设成为全球人工智能与数据创新中心;2. 借助人工智能与数据分析技术发展产业生产力;3. 引导全球数据和人工智能技术的安全和道德利用;4. 帮助民众学习适应未来工作需要的技能。2018 年 4 月发布《产业战略:人工智能领域行动》,针对"人工智能与数据经济"挑战,在想法、人民、基础设施、商业环境及地区 5 个生产力基础领域制定具体措施,以确保英国在人工智能行业的领先地位。①

英国积极构建基于数据驱动的人工智能知识创新发展模式,"我们的愿景是使英国成为世界上最适合发展和部署人工智能的国家"。一是强调数据对人工智能发展的重要性。2018年4月发布的《英国人工智能发展的计划、能力与志向》呼吁英国有能力成为人工智能领域的世界领导者,同时强调让数据推动人工智能发展:1.推进数据共享,使公共数据的价值得以最大化;2.积极发展可理解的人工智能;3.确保数据样本的平衡和代表性;4.打破数据垄断。二是制定技术发展路线图,推动AI发展,保证英国人工智能研发与技术的世界领先。《研究与开发路线图》《人工智能路线图》《国家人工智能战略》等政策在人工智能研发与创新、人工智能人才培养、通过AI知识创新推动数据应用、数据基础设施和公共信任、支持英国向AI经济转型、使英国获得AI技术的国家和国际治理权、鼓励创新和投资及保护公众和基本价值观等多个方面制定规划并作出努力。三是在伦理和法律的框架下合理使用数据及人工智能。早在2016年,英国就发布业界第一个关于机器人伦理设计的公开标准——《机器人和机器系统的伦理涉及和应用指南》,指导机器人研究、设计、制造者对一个机器人做出道德风险评估。② 2022年7月,英国数字、文化、媒体和体育部向议会提交《建立有利于创新发人工智能监管方法》,提议了一套明确的、支持创新的跨部门人工智能监管原则。2023年初ChatGPT的出现让全球进一步加强对人工智能的监管,英国陆续发布《人工智能和数据保护指南》更新版、《一种支持创新的人工智能监管方法》(白皮书)提案、《数据保护和数字信息法案》,为英国提供一个合理的法律监管框架及有利于创新的监管环境。

---

① 中国科学院网信工作网.英国发布人工智能领域产业战略具体行动[EB/OL].(2018-05-02)[2023-09-15].http://www.ecas.cas.cn/xxkw/kbcd/201115_126571/ml/xxhzlyzc/201805/t20180502_4937333.html.
② 人民论坛网.关于人工智能治理问题的若干思考[EB/OL].(2017-10-17)[2023-09-15].http://www.rmlt.com.cn/2017/1017/500121.shtml.

表 6-3 英国 AI 政策汇总

时间	政策/规划/法案等战略名称	主要内容
2016 年 9 月	英国皇家标准协会《机器人和机器系统的伦理涉及和应用指南》	业界第一个关于机器人伦理设计的公开标准。主要针对的人群就是机器人设计研究者和制造商,指导他们如何对一个机器人做出道德风险评估。最终的目的,是保证人类生产出来的智能机器人能够融入人类社会现有的道德规范里。《指南》开头给出了一个广泛的原则:机器人的设计目的不应是专门或主要用来杀死或伤害人类;人类是负责任的主体,而不是机器人;要确保找出某个机器人的行为负责人的可能性
2017 年 11 月	英国商业、能源及产业战略部《产业战略:建设适应未来的英国》	发展人工智能和数据经济方面:1.建设成为全球人工智能与数据创新中心;2.借助人工智能与数据分析技术发展产业生产力;3.引导全球数据和人工智能技术的安全和道德利用;4.帮助民众学习适应未来工作需要的技能
2018 年 4 月	《产业战略:人工智能领域行动》	针对"人工智能与数据经济"挑战在想法、人民、基础设施、商业环境及地区 5 个生产力基础领域制定具体措施以确保英国在人工智能行业的领先地位
2018 年 4 月	《英国人工智能发展的计划、能力与志向》	呼吁英国有能力成为人工智能领域的世界领导者,同时强调要推动合乎伦理的 AI 研发及应用模式,具体包括:1.推进数据共享、使公共数据的价值得以最大化;2.积极发展可理解的 AI;3.确保数据样本的平衡和代表性;4.打破数据垄断
2020 年 7 月	英国政府《研究与开发路线图》	制定研发路线图,加强和巩固英国在研究领域的全球科学超级大国地位

续表

时间	政策/规划/法案等战略名称	主要内容
2021年1月	英国人工智能委员会《人工智能路线图》	定人工智能(AI)长期目标并提出近期发展方向建议,并呼吁政府制定国家人工智能战略,明确优先发展领域并制定时间表,以使英国成为最适合 AI 发展的国家之一;并从研发与创新、技能与多样性、数据基础设施和公共信任、国际及跨部门采用四方面提出16条建议
2021年9月	英国政府《国家人工智能战略》	三大策略目标:投资并规划 AI 生态系统的长期需求,以确保英国作为科学和 AI 超级大国的领导地位;支持英国向 AI 经济转型,确保 AI 惠及所有部门和地区;使英国获得 AI 技术的国家和国际治理权,鼓励创新和投资,保护公众和基本价值观
2022年7月	英国数字、文化、媒体和体育部向议会提交《建立有利于创新的人工智能监管方法》	分析了英国人工智能监管现状及面临的关键挑战,界定了监管的范围,提出了人工智能监管的框架,并给出了针对性的实施建议。文件提议了一套明确的、支持创新的跨部门人工智能监管原则
2023年3月	英国 ICO《人工智能和数据保护指南》更新版	明确了人工智能方面关于公平性的要求,该计划旨在帮助组织在采用新技术的同时保护人民和弱势群体
2023年3月	英国政府《一种支持创新的人工智能监管方法》(白皮书)提案	目标是"提供一个清晰的、有利于创新的监管环境",使英国成为"世界上建立基础人工智能公司的最佳地点"之一。白皮书概述了一种常识性方法,旨在不损害安全或隐私的情况下促进创新
2023年4月	英国政府《数据保护和数字信息法案》	加强独立数据监管机构职能,软化了现有监管框架,预计未来10年内节省47亿英镑合规成本

6.4 日本政策

◆ 日本——以社会5.0愿景为蓝本谋划人工智能发展

日本政府非常重视人工智能的发展。表6-4汇总了近年来日本的人工智能政策。2016年通过《日本下一代人工智能促进战略》明确总务省、文部科学省及经济产业省合作，在国家层面建立了相对完整的研发促进机制。2017年日本人工智能技术战略委员会发布《人工智能技术战略》，围绕人工智能制定未来科技发展战略框架，该战略具体分三个阶段：各领域布局数据驱动人工智能技术应用，开发人工智能公共事业，打造人工智能生态系统。日本重点探索面向未来、基于先进AI系统的"超智能社会"——社会5.0的发展愿景，期望通过智能社会体系实现各要素高效整合以促进社会发展。一是在研发层面注重顶层设计和战略。2016年发布《日本下一代人工智能促进战略》以来，几乎每年均会发布至少一项人工智能战略及计划，《综合创新战略2018》《集成创新战略》《综合创新战略2019》《人工智能战略2019》等围绕发展框架、重点领域及推进计划不断完善人工智能发展路线。二是提供发展要素，保障人工智能技术突破。《综合创新战略2019》提出到2025年所有高中毕业生都具备数学理论、数据科学及人工智能基础知识，每年计划培养人工智能相关人才不少于一定指标，补齐人才短板；以人工智能为核心构建研发网络，依托大学、科研机构打造一批人工智能研究中心及研究基地；通过成果转化提升产业竞争力，在医疗健康护理、农业、国土防灾、交通基础设施与物流、地方振兴五大领域率先应用人工智能；建设数据基础设施，确保数据品质，以数字治理提高公共服务效率等。

表 6-4 日本 AI 政策汇总

时间	政策/规划/法案等战略名称	主要内容
2016 年 7 月	日本政府《日本下一代人工智能促进战略》	明确总务省、文部科学省和经济产业省三省合作的体制
2017 年 3 月	日本人工智能技术战略委员会《人工智能技术战略》	围绕人工智能制定未来科技发展战略框架
2018 年 4 月	《下一代人工智能/机器人核心技术开发》计划	体现日本对 AI、机器人等领域的战略部署
2018 年 6 月	《综合创新战略 2018》《集成创新战略》	完善跨领域数据合作基础，指定人工智能为重点发展领域之一，强调持续性培养技术人才
2018 年 7 月	《第 2 期战略性创新推进计划(SIP)》	指定人工智能等领域为重点发展方向
2018 年 12 月	《以人类为中心的人工智能社会原则》	表明日本政府在伦理方面对 AI 的态度
2019 年 6 月	《综合创新战略 2019》《人工智能战略 2019》	形成 AI 研发的日本模式，部署引领 AI 技术研发与产业结合及伦理规范的战略
2020 年 7 月	《综合创新战略 2020》	继续研究 AI 技术，并运用新技术推进社会转型

6.5 韩国政策

❖ 韩国——结合产业针对性布局人工智能技术

如表 6-5 所示，2018 年 5 月韩国公布《人工智能研发战略》，提出从人才、技术及基础设施三方面推动人工智能技术发展，积极打造人工智能社会，追赶人工智能技术强国。韩国非常强调将人工智能的未来规划与本国优势产业结合起来，进行有针对性的技术布局，大力发展人工智能半导体产业，具有非常强的优势产业关联性。为了将韩国在信息通信技术、半导体、电子器件制造等领域的优势转化为发展人工智能的优势,2019年12月韩国发布的《人工智能国家战略》表现了国家在全球人工智能领域领先世界的愿景及技术领域的部署战略,提出"从IT强国向AI强国发展"的愿景,规划了未来4年利用数据和人工智能促进经济发展的产业计划。2020年发布的《人工智能半导体产业发展战略2.0》,围绕"智能半导体"部署了一系列创新战略,明确"智能半导体"在韩国产业体系的核心地位,在智能汽车、生物技术、机器人等关键领域定制人工智能芯片。

表6-5 韩国AI政策汇总

时间	政策/规划/法案等战略名称	主要内容
2018年5月	《人工智能研发战略》	推广人工智能、积极打造人工智能社会,将从人才、技术及基础设施三方面推动人工智能技术发展,追赶人工智能技术强国
2019年12月	《人工智能国家战略》	表现了国家在全球人工智能领域领先世界的愿景及技术领域的部署战略
2020年10月	《人工智能半导体产业发展战略2.0》	围绕AI半导体产业提出创新战略

6.6 中国政策

◆ 中国——以场景驱动人工智能全面发展与治理

2015年以来,"人工智能"一词开始出现在我国多份政策中,我国从政府层面不断推进人工智能的标准建设、跨界融合的智能经济形态,积极打造有序健康的智能产业发展新秩序(见本节末表6-6)。总体来看,我国人工智能政策布局主要历经三个阶段。

萌芽期:2015—2016年,该阶段我国人工智能相关政策开始逐渐发布。2016年国家发改委发布的《"互联网+"人工智能三年行动实施方案》是我国第一次出具人工智能产业发展的具体实施措施,也落实了2015年发布的《国务院关于积极推进"互联网＋"行动的指导意见》。

发展期：2017—2019 年，该阶段人工智能相关政策密集发布，人工智能发展也驶入快车道。2017 年，国务院发布《新一代人工智能发展规划》，作为我国首个在人工智能领域系统部署的文件，从顶层设计上将人工智能提升为国家战略，之后各部委基于此陆续出台发展规划、行动计划、实施方案等政策。

平稳期：2020 年至今，人工智能政策发布步入常态发展阶段，不仅重视技术和产业的创新，对人工智能治理和规范也提出了新要求。

总的来说，我国发挥集中力量办大事的体制机制优势，从国家到各部委、各省市均积极发布利好政策布局人工智能领域，从不同角度推动人工智能发展，依据地方优势培育人工智能产业。政策文件较为强调人工智能技术在各个行业场景的应用，主题从引导发展向加强治理转变。一是以"1＋N"政策体系为人工智能发展提供政策依据和制度保障。《新一代人工智能发展规划》将人工智能正式提升至国家战略，在该规划的指导思想、战略目标、重点任务和保障措施的引领下，我国人工智能各维度相关政策陆续颁发，人工智能产业发展有序推进。科技部、教育部、工信部、国家林业和草原局等多个部门为贯彻落实我国人工智能系统发展的总体部署，陆续出台了支持人工智能发展的指导意见和行动计划。工业和信息化部发布《促进新一代人工智能产业发展三年行动计划（2018—2020 年）》，推进人工智能与制造业深度融合，加快制造强国和网络强国建设；教育部发布《高等学校人工智能创新行动计划》，从优化科技创新体系、完善人才培养体系、推动科技成果转化与示范应用三大层面推动高校人工智能创新；科技部发文较多，2019 年 8 月科技部发布《国家新一代人工智能开放创新平台建设工作指引》，为引导中小微企业和行业开发者创新创业及构建创新生态，鼓励人工智能细分领域的领军企业搭建开源开放平台，提供共享服务，促进成果转化和应用。此外还有《关于科技创新 2030——"新一代人工智能"重大项目》《发展负责任的人工智能：我国新一代人工智能治理原则发布》《国家新一代人工智能创新发展试验区建设工作指引》等系列政策文件。二是以地方特色优势落地人工智能产业培育。中国各地方政府积极响应国家号召，围绕各地特色及产业优势制定人工智能发展政策，相较国家层面的政策更加具体落地。2020—2023年6月14日，中国各地方政府共出台53部人工智能领域相关的政策，山东（13部）、安徽（6部）、广东（6部）位列前三，产业政策文件内容包括政府引导、资本入场、巨头布局和产业链企业积极投入等。同时各地结合自身优势专注人工智能细分领域的发展，如北京重点提升人工智能核心软硬件，上海鼓励民营资本投资人工智能，深圳希望人工智能与千行百业结合，贵州则以人工智能为抓手进一步加快提升其算力服务水平，推动大数据资源高质量发展。三是以场景驱动人工智能应用发展为突破口，形成AI发展优势。2022年7月科技部等部委发布《关于加快场景创新以人工智能高水平应用促进经济高质量发展的指导意见》，鼓励在制造、农业、物流、金融等重点行业深入挖掘人工智能技术应用场景，促进智能经济高端高效发展；在城市管理、生态保护、医疗健康等领域持续挖掘人工智能应用场景机会，开展智能社会场景应用示范；鼓励算力平台、共性技术平台等人工智能基础设施资源开放共享，为人工智能企业开展场景创新提供算力、算法资源。8月发布《关于支持建设新一代人工智能示范应用场景的通知》，围绕构建全链条、全过程的人工智能行业应用生态，支持一批基础较好的人工智能应用场景，加强研发上下游配合与新技术集成，打造形成一批可复制、可推广的标杆型示范应用场景，首批支持建设十个示范应用场景。① 系列政策的发布重点是推动场景资源开发，提升场景创新能力，以人工智能高水平应用促进经济高质量发展。四是接轨全球，健全并参与人工智能治理。随着ChatGPT横空出世，

---

① 中国政府网.科技部首批支持建设十个人工智能示范应用场景[EB/OL].（2022-08-15）[2023-10-15]. https://www.gov.cn/xinwen/2022-08/15/content_5705447.htm.

全球对人工智能的监管和治理重新重视并提到了一个新的高度,同时伴随科技竞争等复杂国际发展新格局的确立,接轨全球化、加入全球治理体系是大势所趋。我国积极有效应对人工智能治理面临的巨大挑战,2023 年 4 月,国家互联网办公室发布《AIGC 生成式人工智能服务管理办法(征求意见稿)》,首次明确了 AIGC 生成式人工智能"提供者"在内容生产、数据保护、隐私安全等方面的法定责任及法律依据。2023 年 6 月,国务院出台《国务院 2023 年度立法工作计划》,预备提请全国人大常委会审议人工智能法草案等。

表 6-6　中国 AI 政策汇总

时间	政策/规划/法案等战略名称	主要内容
2015 年 5 月	国务院《中国制造 2025》	加快以新一代信息技术与制造业深度融合为主线推进智能制造
2015 年 7 月	国务院《国务院关于积极推进"互联网＋"行动的指导意见》	明确提出"人工智能"为重点布局领域之一
2016 年 3 月	《国民经济和社会发展第十三个五年规划纲要》	将"人工智能"写入《纲要》
2016 年 5 月	发改委《"互联网＋"人工智能三年行动实施方案》	到 2018 年,打造人工智能基础资源与创新平台,人工智能产业体系、创新服务体系、标准化体系基本建立,基础核心技术有所突破,总体技术和产业发展与国际同步,应用及系统级技术局部领先。在重点领域培育若干全球领先的人工智能骨干企业,初步建成基础坚实、创新活跃、开放协作、绿色安全的人工智能产业生态,形成千亿级的人工智能市场应用规模
2016 年 7 月	国务院《"十三五"国家科技创新规划》	"人工智能"被列为重要发展领域
2016 年 12 月	国务院《"十三五"国家战略性新兴产业发展规划》	"人工智能"被列为重点内容

续表

时间	政策/规划/法案等战略名称	主要内容
2017年7月	国务院《新一代人工智能发展规划》	确立新一代人工智能发展三步走战略目标，将人工智能上升到国家战略层面
2017年12月	工业和信息化部《促进新一代人工智能产业发展三年行动计划（2018—2020年）》	推进人工智能与制造业深度融合，加快制造强国和网络强国建设
2018年4月	教育部《高等学校人工智能创新行动计划》	优化高校人工智能科技创新体系、完善人工智能领域人才培养体系、推动高校人工智能领域科技成果转化与示范应用等
2018年9月	《关于发展数字经济稳定并扩大就业的指导意见》	加快数字基础设施建设，着力发展壮大互联网、物联网、大数据、云计算、人工智能等信息技术产业，做大做强平台企业
2018年10月	科技部发布关于科技创新2030——"新一代人工智能"重大项目	促进中国AI产业在2030年达到世界领先水平
2018年11月	工信部《新一代人工智能产业创新重点任务揭榜工作方案》	推动各地区、各创新主体对新一代AI产业创新重点任务进行申报、推荐、报送
2019年3月	《关于促进人工智能和实体经济深度融合的指导意见》	人工智能与实体经济深度融合
2019年6月	科技部《发展负责任的人工智能：我国新一代人工智能治理原则发布》	发展负责任的人工智能：和谐友好、包容共享、公平公正、尊重隐私、安全可控、共担责任、开放协作、敏捷治理
2019年8月	科技部《国家新一代人工智能开放创新平台建设工作指引》	开展细分领域的技术创新，促进成果扩散与转化应用，提供开放共享服务，引导中小微企业和行业开发者创新创业
2019年9月	科技部《国家新一代人工智能创新发展试验区建设工作指引》	到2023年建设约20个试验区
2019年11月	国家林业和草原局《关于促进林业和草原人工智能发展的指导意见》	推动人工智能技术在林草业应用
2020年3月	科技部《关于科技创新支撑复工复产和经济平稳运行的若干措施》	推动人工智能等关键核心技术攻关

续表

时间	政策/规划/法案等战略名称	主要内容
2020年7月	国家标准化管理委员会等《国家新一代人工智能标准体系建设指南》	2021年确定人工智能标准化顶层设计，2023年初步建立人工智能标准体系
2020年9月	科技部《国家新一代人工智能创新发展试验区建设工作指引(修订版)》	开展人工智能研发和应用示范，探索促进人工智能与经济社会发展深度融合的新路径；开展人工智能政策试验，营造有利于人工智能创新发展的制度环境；开展人工智能社会实验，探索智能时代政府治理的新方法；推进人工智能基础设施建设，强化人工智能创新发展的条件支撑
2020年11月	《国民经济和社会发展第十四个五年规划和二〇三五年远景目标的建议》	强化国家战略科技力量，瞄准人工智能、量子信息、集成电路等前沿领域，实施一批具有前瞻性、战略性的国家重大科技项目
2021年1月	工业和信息化部《工业互联网创新发展行动计划(2021—2023年)》	推动产业数字化，为人工智能等新一代信息通信技术落地开辟更广阔的空间
2021年1月	全国信息安全标准化技术委员会《网络安全标准实践指南——人工智能伦理安全风险防范指引》	国家层面出台的首个涉及一般性、基础性人工智能伦理问题与安全风险问题，并具有可操作性的指引文件，为我国人工智能伦理安全标准体系化建设奠定了重要基础
2021年9月	国家新一代人工智能治理专业委员会《新一代人工智能伦理规范》	将伦理道德融入人工智能安全生命周期，为从事人工智能相关活动的自然人、法人和其他相关机构等提供伦理指引
2022年7月	科技部等《关于加快场景创新以人工智能高水平应用促进经济高质量发展的指导意见》	鼓励在制造、农业、物流、金融等重点行业深入挖掘人工智能技术应用场景，促进智能经济高端高效发展；在城市管理、生态保护、医疗健康、教育等领域持续挖掘人工智能应用场景机会，开展智能社会场景应用示范；鼓励算力平台、共性技术平台等人工智能基础设施资源开放共享，为人工智能企业开展场景创新提供算力、算法资源

续表

时间	政策/规划/法案等战略名称	主要内容
2022年8月	科技部《关于支持建设新一代人工智能示范应用场景的通知》	发挥人工智能赋能经济社会发展的作用,围绕构建全链条、全过程的人工智能行业应用生态,支持一批基础较好的人工智能应用场景,加强研发上下游配合与新技术集成,打造形成一批可复制、可推广的标杆型示范应用场景。首批支持建设十个示范应用场景
2022年10月	国务院《鼓励外商投资产业目录（2022年版）》	明确了智能器件、机器人、神经网络芯片、神经元传感器等人工智能技术研发与应用的领域,鼓励外商投资
2022年11月	工业和信息化部《关于印发中小企业数字化转型指南的通知》	为了优化中小企业数字化转型的外部环境,需要加大工业互联网、人工智能、5G、大数据等新型基础设施的建设力度。新型基础设施的建设,将为中小企业数字化转型提供有力支持,促进数字化转型的快速发展
2022年12月	最高人民法院《关于规范和加强人工智能司法应用的意见》	加强人工智能应用顶层设计,加强司法数据中台和智慧法院大脑建设,加强司法人工智能应用系统建设,加强司法人工智能关键核心技术攻关,加强基础设施建设和安全运维保障
2023年2月	国务院《数字中国建设整体布局规划》	聚焦于数字化建设,系统优化算力基础设施布局,旨在促进东西部算力高效互补和协同联动。同时,规划还引导通用数据中心、超算中心、智能计算中心、边缘数据中心等合理梯次布局。 该规划为数字化建设提供了全面规划和布局,也为人工智能行业的发展提供了有力支持。其中,优化算力基础设施布局和合理梯次布局将有助于提升人工智能技术的计算能力和应用水平,从而推动人工智能行业的快速发展

续表

时间	政策/规划/法案等战略名称	主要内容
2023年4月	国家互联网信息办公室《AIGC生成式人工智能服务管理办法（征求意见稿）》	首次明确了AIGC生成式人工智能"提供者"在内容生产、数据保护、隐私安全等方面的法定责任及法律依据。
2023年6月	国务院《国务院2023年度立法工作计划》	预备提请全国人大常委会审议人工智能法草案等

6.7　全球政策比较

全球各国总体上都在通过政策推动人工智能产业发展，在科学研究、人才教育、基础设施、伦理约束治理等方面有相应的政策支撑；但各国根据自身现实情况及发展愿景，也制定了不同侧重的制度政策。国际政策举措主要包括：一是支持科学研究。通过建立联合研发中心和科研攻关项目，给予相应的财政补贴及鼓励社会资本投入研发等方式促进AI的研究进步。二是注重教育及人才培养。高校开设相应的课程，加强教育培养力度；提供一定资金培训国内外人才，招引相关领域高层次人才。三是建设AI基础设施。搭建数据共享平台及数字化技术平台，创建云上基础设施。四是建立伦理标准、法律监管及政府治理。为AI使用道德及相关发展制定标准及法规，强化对大数据隐私、AI应用、数字安全的监管，利用AI手段改善政府效率、服务提供及公共治理。

同时，各国的政策制定侧重点有所不同，如美国为强化AI领导地位，多维度全方位地加强AI投资布局，并通过放松监管以保证优先发展，同时美国也是人工智能军民融合发展做得较好的国家；欧盟则试图通过建立人工智能监管框架引领AI发展，通过加快技术研发、统一和规范数字市场、约束国际科技巨头等建立人工智能发展生态。英国积极构建基于数据驱动的人工智能创新发展模式；中国通过自身庞大的市场优势发展以场景驱动的人工智能产业；日本通过政策保障技术突破发展人工智能；韩国则结合本国的产业优势综合发展人工智能产业。

具体来看，在人工智能治理方面，美中欧态度"由软到硬"（见图6-1）。欧盟在人工智能立法方面相当严苛，一直领先世界；与此同时欧盟也希望通过严格的治理引导人工智能技术进一步发展。欧盟议会通过的《人工智能法案》（以下简称《法案》）提出数据管理、登记注册、透明度、风险消减等方面的要求，并且通过数据库管理、监管沙盒等手段平衡发展与治理的诉求。同时《法案》以风险作为治理重要尺度，将人工智能系统分为不可接受、高风险、有限风险及轻微风险四种类型，并根据上述类型进行不同等级的限制措施。如若该法案生效，违反该《法案》的企业将面临最高3000万欧元或者全球营业额6%的罚款。[①] 美国对人工智能的治理则相对宽松，目前尚未有专门的立法，仅有《人工智能权力法案蓝图》出台，重在避免算法歧视、保护隐私等。相关的法律如《联邦贸易委员会》第五条"禁止不公平或欺诈行为"适用于人工智能和机器学习系统应用，这是在现有法律的基础上做了与人工智能发展应用的确认与调整。美国提出"以技术治理技术"，即通过人工智能等技术应对技术带来的法律及伦理风险。如《美国人工智能研发战略计划》提出"使用人工智能解决道德、法律和社会问题"。并且美国的治理主体主要是州和地方，如加州、科罗拉多州等已有相关立法，同时鼓励人工智能企业以自愿原则承担社会责任。[②] 中国人工智能治理介于美国和欧盟之间。中国发布全球首个针对AIGC的法规《生成式人工智能服务管理暂行办法》（以下简称《办法》），通过详细规定市场准入、算法设计、数据标注、内容治理等技术开发应用过程，通过分类分级监管相结

[①] 澎湃新闻.赛迪智库|对比美欧人工智能法案，兼顾技术创新与安全监管[EB/OL].(2023-05-30)[2023-11-01]. https://m.thepaper.cn/baijiahao_23206877.

[②] 全球技术地图.重磅发布！《美国联邦人工智能治理：法律、政策和战略》[EB/OL].(2023-07-09)[2023-11-01]. https://baijiahao.baidu.com/s?id=1770948769497855021&wfr=spider&for=pc.

合的方式支持技术应用和自主创新。相较于欧盟的《法案》，中国的《办法》更加宽松，如欧盟《法案》要求企业披露开发 AIGC 模型所用的版权信息，但中国的《办法》则无此项要求，仅对知识产权保护作出规定。[①]

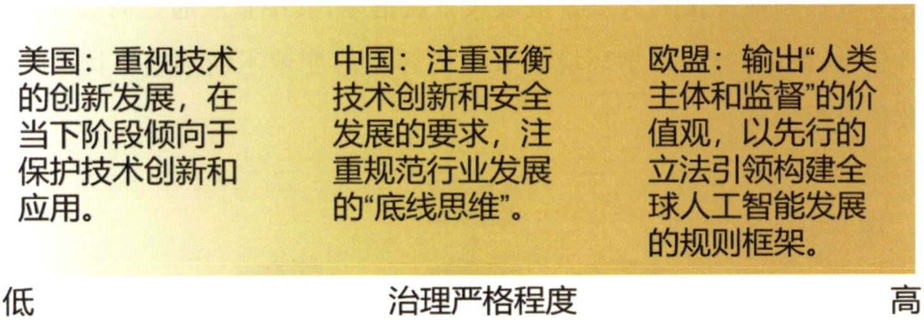

| 美国：重视技术的创新发展，在当下阶段倾向于保护技术创新和应用。 | 中国：注重平衡技术创新和安全发展的要求，注重规范行业发展的"底线思维"。 | 欧盟：输出"人类主体和监督"的价值观，以先行的立法引领构建全球人工智能发展的规则框架。 |

低　　　　　　　　　治理严格程度　　　　　　　　　高

图 6-1　世界主要国家在人工智能治理方面的差异性

数据来源：微信公众号"上海经信智声"载《欧、美、中近期人工智能治理政策分析及启示》

在人工智能教育应用方面，中、美、日、英、法在 K12 教育阶段及继续教育（公共教育、终身学习培训）、资金投入、项目资助等方面强化对教育的支持，但各国政策各有侧重（见图 6-2）。美国在初等和中等教育阶段（K12）开展人工智能教学，要求学生具备人工智能时代的公民数据素养，美国还主张 AI 教育的全学段覆盖，鼓励劳动力再培训，通过 ROS、GitHub 等国际开源社区提供免费 AI 编程培训，部署有针对性的辅导计划；同时美国在资助人工智能基础研究等方面出台了三份报告，以确保联邦政府承担相关费用和责任。英国政府发布《在英国发展人工智能产业》报告，设立了人工智能领域的行业资助型硕士项目，承认在线人工智能课程学分，并且通过与市场紧密连接设计符合雇主需求的人工智能课程。法国同样重视继续教育平台的建立，《法国人工智能综合报告》中明确支持在线教育，并为平台行为分析、个性化课程及公民继续学习提供技能评级框架，鼓励终

---

① 全球技术地图.中国、欧盟、美国的人工智能治理实践.[EB/OL].(2023-06-30)[2023-11-01]. https://baijiahao.baidu.com/s? id=1770121779558511328&wfr=spider&for=pc.

身学习并提供深造机会。日本的人工智能教育应用政策同美国相似,将编程、科普教育等人工智能相关课程纳入基础教育阶段;同时在高等教育阶段,扩大工业界和学术界的联合研究活动,发挥校企联合教育的作用。中国针对教育领域提出的人工智能政策日益清晰,其中重点通过高等教育在学科建设、教学理念、教学环境及教学内容上的变革不断推动中国人工智能教育应用发展。①

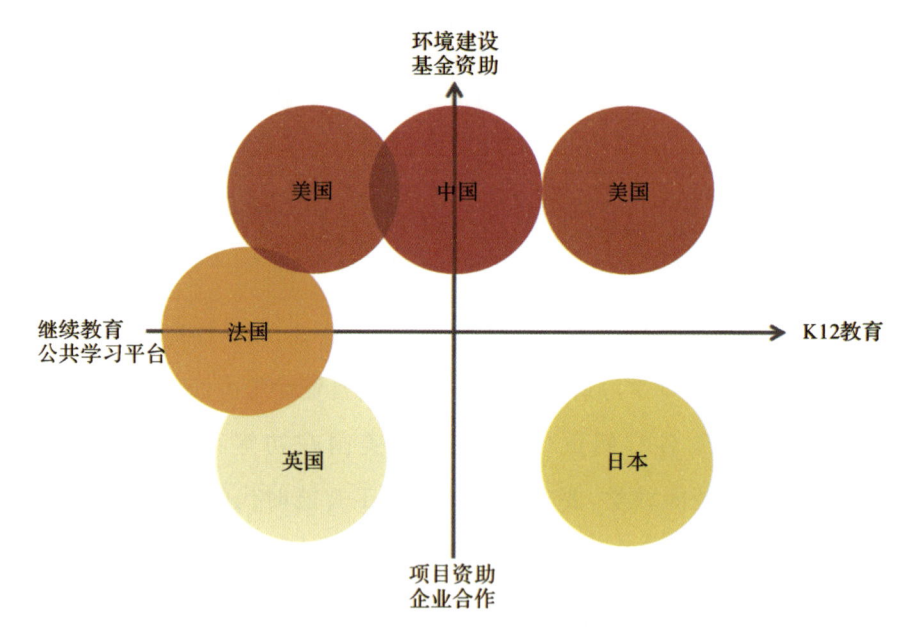

图 6-2　世界主要国家在人工智能教育应用方面的差异性

数据来源:公开数据。数据整理与分析:浙江大学全球科创与产业发展研究中心

在人工智能人才培养方面,除上述在教育方面的政策支持帮助培养人才外,中美英等国还注重师资队伍建设、重视高校人才培养的主体作用。美国通过总统奖章等措施加强对人工智能大学教师的奖励力度,在避免教师资源流失的同时进一步加强对 AI 人才的争夺;英国则通过增加招生名

---

① 段世飞,龚国钦.国际比较视野下的人工智能教育应用政策[J].现代教育技术,2019,29(3):11-17.

额强化对 AI 人才培养的倾斜,如计划每年在 AI 及其相关学科至少增加 200 个博士研究生,并且实施硕博贯通的人才培养方式。中国对高等教育系统 AI 人才培养体系进行了全面的设计;搭建了 AI 领域的教师工程能力训练平台,并在多个师范院校设立 AI 专业,强化对教师队伍的培养,进而从源头上保证 AI 人才的培养环境。[1]

除此之外,我国还有一些中国特色的做法。如中国人工智能产业政策目标量化并与经济指标挂钩。美国、日本等国的人工智能发展目标主要是强化基础研究、促进经济增长和提高福利水平、防范负面影响等,我国往往会在此基础上设置具体指标。如国务院制定的全国人工智能核心产业规模的目标值为到 2020 年达到"1500 亿元",如此考核标准下,各地方政府纷纷制定各自目标,上海和广东两地目标值之和达到全国总目标值。再如以应用导向为主并规定具体方向。国外的政策也都有表达人工智能应用到各个领域的战略规划,但中国对应用领域及推广方案制定了具体的计划。如广东提出的人工智能多领域多场景的示范应用就包括在物流、制造、家居、医疗、交通、金融、安防、农业等领域进行智能化发展;黑龙江的应用领域也包含工业、医疗、交通、农业、物流、文化、教育、旅游等。

---

[1] 刘进,钟小琴.全球人工智能人才培养的政策比较研究:以中美英加四国为例[J].重庆高教研究,2021,9(2):39-50.DOI:10.15998/j.cnki.issn1673-8012.2021.02.005.

附件1 本书编写组其他成员

姓名	单位	主要领域
吴飞	浙江大学人工智能研究所	人工智能
张圣宇	浙江大学计算机科学与技术学院	人工智能
沈弢	浙江大学计算机科学与技术学院	人工智能
马千里	杭州时戳信息科技有限公司	人工智能
陆永顺	浙江大学全球科创与产业发展研究中心	产业情报
孙孜文	浙江大学全球科创与产业发展研究中心	产业情报
邵健	人工智能省部共建协同创新中心(浙江大学)	产业情报
王云飞	人工智能省部共建协同创新中心(浙江大学)	产业情报
徐泽楠	浙江大学全球科创与产业发展研究中心	文献计量
吴叙佳	浙江大学全球科创与产业发展研究中心	文献计量
谢彦洁	浙江大学中国科教战略研究院	文献计量
黄晨	浙江大学图书馆	文献计量
任惠琴	浙江大学图书馆	文献计量
刘庆云	智慧芽信息科技(苏州)有限公司	数据分析
陈相南	智慧芽信息科技(苏州)有限公司	数据分析
陈可	智慧芽信息科技(苏州)有限公司	数据分析
李秋生	青塔网	数据分析
王新柯	青塔网	数据分析
林慧	青塔网	数据分析
刘妍琳	猎聘大数据研究院	数据分析
权贵杰	猎聘大数据研究院	数据分析

附件 2　法律声明

免责条款

本书为浙江大学全球科创与产业发展研究中心研究人员采用文献计量法、专家访谈法、问卷调查法等方法研究所得。本书的部分内容参考公开资料,受研究方法和信息资源的限制,本书只提供给用户作为参考资料。浙江大学全球科创与产业发展研究中心对本书内容的准确性、及时性、完整性和可靠性尽最大努力追求,但不作任何保证。在任何情况下,本书中的信息或所表述的观点均不构成任何建议,浙江大学全球科创与产业发展研究中心对于读者阅读或使用本书而作出的决定或采取的行动不承担任何责任。